Um
quarto
só
seu

TRADUÇÃO & NOTAS
Julia Romeu

APRESENTAÇÃO
Socorro Acioli

Virginia Woolf

Um quarto só seu

e três ensaios sobre as
grandes escritoras inglesas:
Jane Austen, Charlotte &
Emily Brontë e George Eliot

As frutas estranhas e vibrantes
SOCORRO ACIOLI
9

Um quarto
só seu
—
15

Jane
Austen
—
179

Jane Eyre e O morro dos ventos uivantes

—

201

George Eliot

—

213

Bibliografia de Virginia Woolf

As frutas estranhas e vibrantes
—
Socorro Acioli

LER É UM ATO DE CRIAÇÃO. Ou deveria ser. Ler é, quase sempre, construir um diálogo com quem escreve. Pois o que responderíamos a Virginia Woolf sobre os detalhes e aspectos analisados por ela em *Um quarto só seu,* sob a luz das nossas condições atuais? O que poderíamos contar a ela sobre a relação entre as mulheres e a escrita no nosso tempo? E o que dizemos a nós mesmas, nós mesmos, diante da verdade dessa condição, sobretudo na realidade brasileira? O que podemos mover? Este prefácio é a alegoria de uma resposta.

Um quarto só seu chegou até aqui na condição de cânone. E, por sua força de travessia, pode ser lido como uma longa carta de Virginia Woolf para a contemporaneidade. É um texto que atravessa, imponente, uma década após a outra. Enquanto a humanidade existe e avança, muitos textos são escritos, mas poucos alcançam o século seguinte. Os que conseguem são os que guardam códigos fundamentais para a compreensão do futuro.

Mesmo enquanto trata de aspectos abstratos como as ideias, os medos, a profundidade de uma vida intelectual pautada pela poesia e pelos sonhos, é o dinheiro que volta sempre como um marco que confere materialidade à questão das mulheres no seu tempo. A mulher precisa de um quarto com chave e quinhentas libras por ano, ela diz. A mulher não consegue escrever porque precisa cuidar da casa, das crianças, como uma obrigação imposta sem acordo nem trégua, em uma rotina exaustiva que desvia a energia da criação até que se esvaia. "Escrever uma obra genial é quase sempre um feito de prodigiosa dificuldade", Virginia diz. "Tudo contraria a probabilidade de ela sair da mente do escritor inteira e perfeita. Em geral, as circunstâncias materiais são adversas. Os cães irão latir; as pessoas irão interromper; será preciso ganhar dinheiro; a saúde irá faltar." É por isso, então, que ela precisa do seu quarto, de um pedaço de mundo onde exista na sua indevassável individualidade.

A escolha da palavra quarto, nesta tradução de Julia Romeu para a língua portuguesa, confere uma força adicional à metáfora de Virginia Woolf. O quarto psicanalítico, compartimento isolado, a apropriação de um pequeno universo que se expande. A palavra como uma janela. O quarto como nascedouro de uma vida contemplativa, necessária para um intelecto livre.

O texto de *Um quarto só seu* começa com uma voz autoral firme, dialogando conosco e com as pessoas que a ouviram e convidaram, desenvolvendo a irônica relação entre a proposta de falar sobre escritoras e o título de sua conferência. Antecipando o espanto, Virginia brinca com a contradição que se coloca: como é possível falar de mulheres que escrevem se a sociedade da época as proibia de pensar, de estudar, de frequentar bibliotecas, de andar pelo gramado, de comer o mesmo que os homens? Iniciar sua fala assim foi um ato de lucidez, mas sobretudo de coragem. Quando uma mulher decide escrever e dizer o que pensa, está sendo corajosa, há sempre algo a romper, é assim desde o princípio. Mulheres são ensinadas a pedir licença. Ela não pediu.

Virginia diz, em certo momento, que levantar qualquer questão sobre sexo é sempre uma operação muito complexa de raciocínio. Sob essa camada estão relações de poder estabelecidas e preservadas que precisam ser rompidas. Era assim em 1928. Continua sendo.

Um dos contos mais famosos de Jorge Luis Borges, "O outro", imagina o encontro do narrador com seu duplo mais velho, ambos sentados em um banco à beira do rio Charles, em Boston. O Borges mais velho chega, senta, e o jovem faz uma série de perguntas até constatar que são, os dois, partes da mesma existência. Diante da necessidade de uma prova irrefutável daquele acontecimento, os dois trocam uma moeda de época, o dinheiro como símbolo do real e da concretude da vida.

O conto de Borges inspira o devaneio de imaginar o que aconteceria se uma Virginia Woolf vinda do futuro contasse àquela lúcida jovem, em 1928, o que aconteceu depois com as mulheres escritoras. Ambas sentadas em um banco, à beira do rio. Ela gostaria de saber que muitas coisas mudaram para as mulheres que nasceram com o desejo de escrever. Ainda não seria a notícia de uma sociedade justa, de um equilíbrio sensato entre a condição masculina e a feminina no mundo literário, mas, sem dúvida, saberia de um contexto diferente do que ela documentou nas suas conferências e nos ensaios publicados em 1925 sobre as irmãs Brontë, Jane Austen e George Eliot, que complementam esta edição.

Sobre George Eliot – pseudônimo de Mary Ann Evans –, Virginia destacou o fato de que ela começou a escrever ficção somente aos 37 anos, depois de inúmeros percursos e superações. Há a consciência ancestral da mulher, carregada de sofrimento e sensibilidade; e, em algum momento, há um transbordamento. George Eliot viveu isso. E precisou estender a mão para além do restrito círculo da vida das mulheres e colher para si as frutas estranhas e vibrantes da arte e do conhecimento.

A respeito de Jane Austen, nota-se o fato de que ela escrevia para todos, para ninguém, para a nossa época, para a própria época; ou seja, mesmo tão jovem, Jane Austen escrevia. Apesar das barreiras do seu tempo, de seu contexto cerceador, ela escrevia. E, assim como Virginia, conseguiu atravessar seu século a partir da literatura.

Já sobre as irmãs Brontë, Virginia Woolf destaca que Emily observou um mundo cindido em gigantesca desordem e sentiu dentro de si o poder de uni-lo em um livro, o célebre *O morro dos ventos uivantes*. Charlotte Brontë, por sua vez, era genial, veemente e indignada.

Para Virginia, "a mulher que nasceu com um talento para a poesia no século XVI era uma mulher infeliz, uma mulher em conflito consigo mesma. Todas as condições da sua vida, todos os seus próprios instintos, eram hostis ao estado de espírito necessário para libertar o que quer que exista no cérebro." E a mulher que nasceu com um talento para a poesia no século XXI, quais são as suas possibilidades?

Mesmo sendo resultado da intenção inicial de uma conferência e que muitas vezes se dirigia ao seu público no plural, a versão impressa estabelecida nesta edição tem a atmosfera de uma íntima e sofisticada carta, destinada a um coletivo de leitoras e leitores que Virginia Woolf jamais poderia antecipar.

Os dias de hoje, nossos tempos, as leitoras e os leitores que somos, a vida das escritoras contemporâneas, nada disso poderia estar no seu panorama de futuro, por mais criativa que tenha sido. Sua missiva de outono, lançada ao vento voluntarioso daquele outubro de 1928, alcançaria um mundo intensamente transformado, para o bem e para o mal.

Se sentasse no banco de Borges, se pudesse ouvir nossa resposta às suas indignações, Virginia Woolf estaria contente em saber que as coisas mudaram. As mulheres de hoje podem escolher suas profissões, frequentar universidade, bibliotecas, assumir cargos de comando e, sobretudo, podem escrever. Dezesseis mulheres do mundo já ganharam o Prêmio Nobel de Literatura, publicando livros de poesia, contos, romances e reportagens. Sobre o amor e sobre a guerra. As mulheres também ensinam literatura, coordenam cátedras em universidades, proferem palestras e discursos. São ouvidas. São consideradas como detentoras de uma voz.

Talvez ela gostaria de saber que, no Brasil, uma mulher negra chamada Conceição Evaristo começou a escrever na maturidade e hoje é uma de nossas escritoras mais admiradas. E que coletivos de mulheres surgem em todos os estados deste país continental, produzindo literatura sobre absolutamente qualquer tema: amor, ódio, morte, sexo, natureza, todas as forças da vida. E que muitas dessas mulheres leram *Um quarto só seu* e lutaram para ter a sua própria chave.

Um dos trechos mais comoventes deste ensaio é quando Virginia Woolf diz que "o mundo não pede às pessoas que escrevam poemas, romances e livros de história; ele não precisa deles." É verdade. Há uma máquina movendo tudo indiferente a isso. Mas as mulheres ainda enxergam as frutas estranhas e vibrantes da arte. Elas ainda precisam escrever, apesar do mundo. As palavras de Virginia Woolf ainda ecoam por aqui.

Socorro Acioli é jornalista, escritora, doutora em literatura pela Universidade Federal Fluminense (UFF) e coordenadora do Programa de Escrita e Criação da Universidade de Fortaleza – Unifor.

Um quarto só seu

—

ESTE ENSAIO é baseado em dois artigos apresentados por Virginia Woolf à Sociedade das Artes de Newnham e à ODTAA de Girton[1] em 1928. Os artigos eram longos demais para serem lidos por completo e, desde então, foram alterados e expandidos.

1 Tanto Newnham quanto Girton são faculdades para mulheres que fazem parte da Universidade de Cambridge, na Inglaterra, e foram fundadas na segunda metade do século XIX. A ODTAA era uma sociedade das alunas de Girton cuja sigla significava "One damn thing after another" [Uma maldita coisa após a outra].

(AS NOTAS DA EDIÇÃO são da tradutora, exceto as que estão indicadas como N. da A., da autora.)

Capítulo ——————————— 1

Talvez vocês digam: mas nós pedimos que você falasse sobre as mulheres e a ficção – o que isso tem a ver com um quarto só seu? Eu vou tentar explicar. Quando vocês me pediram para falar sobre as mulheres e a ficção, eu me sentei às margens de um rio e comecei a me perguntar o que essas palavras significam. Talvez signifiquem simplesmente uma fala breve sobre Fanny Burney;[2] outra um pouco mais longa sobre Jane Austen; um tributo às Brontë e um desenho da casa paroquial em Haworth[3] sob a neve; se possível, algumas frases espirituosas sobre a srta. Mitford;[4] uma menção respeitosa a George Eliot; uma referência à sra. Gaskell; e pronto. Mas, olhando melhor, as palavras não pareceram tão simples. O título "As mulheres e a ficção" talvez signifique, e essa talvez tenha sido a intenção de vocês, as mulheres e como elas são; ou as mulheres e a ficção que elas escrevem; ou as mulheres e a ficção que é escrita sobre elas; ou que as três coisas estão inextricavelmente misturadas e vocês querem que eu as discuta sob essa ótica. Mas, quando comecei a pensar no

---

2 Fanny Burney (1752–1840), escritora inglesa, autora de romances como *Evelina e Cecilia*.

3 Haworth é o vilarejo inglês onde nasceram as irmãs Brontë. Elas moravam com seu pai, pároco da Igreja Anglicana, na casa reservada para sua habitação. A casa hoje é um museu dedicado às irmãs.

4 Mary Russell Mitford (1787–1855), poeta e dramaturga inglesa.

assunto dessa forma, que parecia a mais interessante, logo vi que havia uma desvantagem fatal. Eu jamais seria capaz de chegar a uma conclusão. Jamais seria capaz de cumprir aquilo que é, pelo que compreendi, o principal dever de um palestrante – entregar a vocês, após um discurso de uma hora, uma pepita de verdade, pura, para embrulhar nas páginas de seus cadernos e guardar para sempre em cima da lareira. Tudo o que eu poderia fazer era lhes oferecer uma opinião sobre uma questão menor – uma mulher precisa ter dinheiro e um quarto só seu se quiser escrever ficção; e isso, como vocês verão, não resolve o grande problema da verdadeira natureza da mulher e da verdadeira natureza da ficção. Eu me esquivei do dever de chegar a uma conclusão em relação a essas duas questões – as mulheres e a ficção permanecem, para mim, problemas não resolvidos. Mas, para compensar de alguma maneira, farei o que puder para mostrar a vocês como cheguei a essa opinião sobre o quarto e o dinheiro. Irei desenvolver, na sua presença, da forma mais completa e irrestrita possível, a associação de ideias que me levou a pensar isso. Talvez, se puser a nu as noções e os preconceitos que estão por trás dessa afirmação, vocês concluirão que eles têm alguma relação com as mulheres e alguma relação com a ficção. De qualquer forma, quando um assunto é altamente controverso – e qualquer questão que lida com sexo é –, não se pode esperar dizer a verdade. Pode-se apenas mostrar como se passou a ter a opinião que se tem. Pode-se apenas dar à plateia a chance de tirar suas próprias conclusões conforme esta observa as limitações, os preconceitos e as idiossincrasias da palestrante. Neste caso, é provável que a ficção contenha mais verdade do que os fatos. Portanto, eu proponho usar todas as liberdades e licenças de romancista para lhes contar a história dos dois dias anteriores à minha vinda aqui – como, vergada pelo peso do assunto que vocês me colocaram sobre os ombros, eu ponderei sobre ele e o fiz penetrar pouco a pouco no meu dia a dia. Não preciso dizer que aquilo que estou prestes a descrever não existe; Oxbridge é uma invenção; Fernham também; "eu" é apenas um termo conveniente para alguém que não é real. As mentiras jorrarão dos meus lábios, mas talvez haja alguma verdade misturada a elas; cabe a vocês buscar essa verdade e decidir se vale a pena guardar alguma parte dela. Se não, vocês irão, é claro, atirar tudo na lixeira e esquecer o assunto.

Então, lá estava eu (chamem-me de Mary Beaton, Mary Seton, Mary Carmichael ou de qualquer nome que quiserem – isso não tem nenhuma importância), sentada às margens de um rio, uma ou duas semanas atrás, num belo dia de outubro, perdida em pensamentos. Aquele peso que mencionei – as mulheres e a ficção –, a necessidade de chegar a uma conclusão sobre um assunto que cria toda sorte de preconceitos e fúrias, fazia minha cabeça pender até o chão. À direita e à esquerda, arbustos de algum tipo, dourados e escarlates, fulgiam com a cor, pareciam até mesmo arder com o calor do fogo. Na margem adiante, os salgueiros choravam num lamento perpétuo, com os cabelos caindo sobre os ombros. O rio refletia o que desejava do céu, da ponte e da árvore ardente e, quando um estudante passava de barco a remo pelos reflexos, eles se fechavam de novo, completamente, como se o estudante jamais houvesse existido. Ali, alguém poderia permanecer um dia inteiro perdido em pensamentos. O pensamento – para dar a ele um nome mais nobre do que merecia – largara sua linha no riacho. Ela balançou, por diversos minutos, para lá e para cá por entre os reflexos e as algas, deixando que a água a erguesse e afundasse até que... vocês conhecem aquele breve puxão, a súbita conglomeração de uma ideia na ponta da sua linha? E como a erguemos com cautela e a dispomos com cuidado? Ai de mim, quão pequena, quão insignificante essa minha ideia parecia ali disposta sobre a grama; o tipo de peixe que um bom pescador coloca de volta na água para que ele fique mais gordo e um dia valha ser cozido e comido. Não vou incomodá-las com essa ideia agora, porém, se vocês olharem com cuidado, talvez a encontrem por conta própria ao longo do que irei dizer.

No entanto, por menor que fosse essa ideia, ela possuía a propriedade misteriosa de sua espécie – colocada de volta na mente, logo se tornou muito excitante e importante; e, ao disparar e afundar, emitindo lampejos aqui e ali, criou tamanho marulho e agitação de pensamentos que foi impossível permanecer sentada. Foi assim que eu comecei a caminhar com extrema rapidez pelo gramado. Instantaneamente, a silhueta de um homem se ergueu para me interceptar. Eu a princípio tampouco entendi que as gesticulações de um objeto curioso de casaca e camisa eram dirigidas a mim.

O rosto dele expressava horror e indignação. O instinto, não a razão, veio ao meu resgate; ele era um bedel; eu era uma mulher. Aqui era o gramado; ali, a aleia. Apenas os professores e estudantes são permitidos aqui; o cascalho é o meu lugar. Bastou um momento para que tais pensamentos me ocorressem. Quando voltei à aleia, os braços do bedel baixaram, seu rosto assumiu a expressão relaxada costumeira e, embora seja mais confortável andar na grama do que no cascalho, nenhum grande mal foi cometido. A única acusação que posso fazer contra os professores e estudantes de qualquer que fosse aquela faculdade era que, em nome da proteção de sua grama, que vem sendo plantada em rolos ininterruptamente há trezentos anos, eles fizeram o meu peixinho se esconder.

Eu não conseguia mais lembrar que ideia me fizera invadir o gramado de maneira tão audaciosa. O espírito da paz surgiu como uma nuvem descendo do céu, pois, se o espírito da paz vive em algum lugar, é nos pátios e adros de Oxbridge numa bela manhã de outubro. Quando passeei por aquelas faculdades, atravessando aqueles salões ancestrais, a aspereza do presente pareceu-me suavizada; meu corpo pareceu estar contido num milagroso armário de vidro no qual nenhum som seria capaz de penetrar e onde a mente, livre de qualquer contato com os fatos (a não ser que eu invadisse o gramado de novo), tinha liberdade para entregar-se a qualquer meditação que estivesse em harmonia com o momento. Por acaso, uma lembrança qualquer de algum ensaio antigo sobre revisitar Oxbridge durante as férias mais longas me fez pensar em Charles Lamb – São Charles, disse Thackeray, pressionando uma carta dele contra a testa.[5] Na verdade, entre todos os mortos (eu lhes apresento meus pensamentos conforme eles surgem), Lamb é um dos mais simpáticos; um a quem eu gostaria de dizer "Conte-me, então, como você escreveu seus ensaios?" Pois os ensaios dele são superiores até mesmo aos de Max Beerbohm,[6] pensei eu, com toda sua perfeição, devido àquele lampejo louco de imaginação, àquele raio de genialidade que os deixa imperfeitos, mas estrelados de poesia. Lamb, portanto, veio a Oxbridge cerca de cem anos atrás. Ele decerto escreveu um ensaio – o nome me escapa – sobre um dos poemas de Milton cujo manuscrito viu aqui. Talvez tenha sido "Lycidas", e Lamb escreveu sobre como o chocou imaginar que qualquer palavra em "Lycidas" poderia ter sido diferente do que é. Pensar em Milton mudando as palavras naquele poema pareceu a ele uma espécie de

---

5 Charles Lamb (1775–1834) foi um escritor inglês, autor do ensaio "Oxford in the Vacation" [Oxford durante as férias]. William Makepeace Thackeray (1811–1863) foi um romancista inglês cuja obra mais famosa é *A feira das vaidades*. Numa biografia de Thackeray, Lewis Melville relata o episódio em que o autor chamou Charles Lamb de "São Charles", referindo-se ao fato de Lamb ter cuidado da irmã, Mary, mesmo após ela ter assassinado a mãe deles dois. Mary, que sofria de uma doença mental, foi coautora de diversos dos livros de Charles, mas somente ele os assinava.

6 Henry Maximilian Beerbohm (1872–1956), ensaísta e caricaturista inglês.

sacrilégio. Isso me levou a lembrar tudo o que eu pude de "Lycidas" e a me distrair tentando adivinhar que palavra Milton poderia ter alterado, e por quê. Então me ocorreu que o próprio manuscrito que Lamb vira estava a apenas algumas centenas de jardas de distância, de modo que seria possível seguir seus passos sobre o adro até aquela famosa biblioteca onde o tesouro está guardado. Além disso, recordei-me, enquanto colocava esse plano em execução, que nessa famosa biblioteca o manuscrito de *Esmond*, de Thackeray, também está preservado. Os críticos com frequência dizem que *Esmond* é o romance mais perfeito de Thackeray. Mas a afetação do estilo, com sua imitação do século XVIII, atrapalha o leitor, pelo que me lembro; a não ser, é claro, que o estilo do século XVIII fosse natural para Thackeray – fato que pode ser provado olhando o manuscrito e vendo se as alterações foram feitas em benefício do estilo ou do sentido. Mas, então, seria necessário decidir o que é estilo e o que é sentido, uma questão que... mas ali estava eu, na porta da própria biblioteca. Devo tê-la aberto, pois no mesmo instante surgiu, como um anjo da guarda barrando o caminho ao balançar uma beca negra em vez de asas brancas, um senhor pesaroso, grisalho, gentil, que, em voz baixa, fazendo um gesto para que eu me afastasse, lamentou, dizendo que as damas só podiam entrar na biblioteca se estivessem acompanhadas de um professor da faculdade ou munidas de uma carta de apresentação.

O fato de uma mulher ter praguejado diante de uma famosa biblioteca é tratado com suma indiferença pela famosa biblioteca. Veneranda e tranquila, com todos os seus tesouros trancados em seu interior, ela dorme, complacente; e, por mim, irá continuar assim para sempre. Eu jamais irei acordar esses ecos, jamais voltarei a pedir por essa hospitalidade, jurei ao descer a escada com raiva. Ainda restava uma hora até o almoço e o que se podia fazer? Passear pelos campos? Sentar à margem do rio? Sem dúvida, era uma linda manhã de outono; as folhas flutuavam, vermelhas, até o chão; não seria uma grande provação fazer nem uma coisa nem outra. Mas uma melodia me chegou aos ouvidos. Algum culto ou celebração estava acontecendo. O órgão ecoou de maneira magnífica quando passei pela porta da capela. Até mesmo a tristeza do cristianismo soava, naquele ar sereno, mais como a lembrança da tristeza do que como a tristeza em si; até as lamúrias do órgão ancestral pareciam mergulhadas na paz. Eu não tive vontade de entrar, mesmo se tivesse o direito; e, dessa vez, o sacristão poderia ter me impedido, exigindo, quem sabe, meu certificado de batismo ou uma carta de apresentação do reitor. Mas o exterior dessas construções magníficas muitas vezes é tão bonito quanto o interior. Além do mais, já era divertido o suficiente observar os fiéis se reunindo, entrando e voltando a sair, ocupados à entrada da capela como abelhas na boca da colmeia. Muitos estavam de capelo e beca; alguns tinham tufos de pelo nos ombros; outros foram trazidos de cadeiras de rodas; outros, embora não houvessem passado da meia-idade, pareciam ter sido amassados e enrugados até adquirir formatos tão peculiares que lembravam aqueles caranguejos e lagostins que se arrastam com dificuldade pela areia de um aquário. Enquanto eu estava ali, recostada na parede, a universidade, na realidade, me pareceu um santuário onde são preservadas espécies raras que logo se tornariam obsoletas se tivessem de brigar pela existência na calçada da rua Strand. Velhas histórias sobre velhos reitores e velhos doutores me surgiram na cabeça, mas, antes que eu tivesse coragem de assoviar – costumavam dizer que, ao ouvir um assovio, um velho professor imediatamente se punha a galopar –, os veneráveis fiéis haviam entrado. O exterior da capela permaneceu ali. Como vocês sabem, é possível ver suas altas cúpulas e seus pináculos, como um navio sempre navegando sem nunca chegar, iluminados à noite a milhas de distância, até do outro lado das colinas. Presumivelmente, um dia esse adro com seu gramado liso, suas enormes construções e até mesmo a capela foram um pântano, onde a relva balançava e os porcos cavavam raízes. Inúmeros cavalos e bois, pensei eu, devem ter trazido as pedras de países distantes; e então, após um esforço infinito, os blocos cinzentos à sombra dos quais eu me encontrava foram colocados em ordem uns sobre os outros; e então os pintores trouxeram os vitrais das janelas e os pedreiros passaram séculos trabalhando lá no telhado com argamassa e cimento, pá e espátula. Todo sábado, alguém deve ter derramado ouro e prata de uma bolsa de couro sobre aquelas mãos ancestrais, pois, presumivelmente, os homens iam se distrair no fim do dia. Uma torrente infindável de ouro e prata, pensei eu, deve ter jorrado sobre esse adro para que as pedras continuassem a chegar e os pedreiros, a trabalhar; a plainar, valar, cavar, drenar. Mas aquela era a idade da fé e o dinheiro foi generosamente derramado para que essas pedras fossem colocadas sobre fundações profundas; e, quando as pedras foram erguidas, mais dinheiro foi derramado dos cofres de reis, rainhas e grandes nobres para garantir que, aqui, hinos seriam cantados e estudantes aprenderiam. Terras foram cedidas; dízimos, pagos. E, quando a idade da fé terminou e a idade da razão chegou, a mesma torrente de ouro e prata continuou; sociedades foram fundadas; leitorados, estabelecidos; mas o ouro e a prata não jorravam mais dos cofres do rei, e sim dos baús de mercadores e fabricantes, das bolsas de, digamos, homens que haviam feito fortuna com a indústria e que devolveram, em seus testamentos, uma parcela generosa para estabelecer mais cadeiras, mais leitorados, mais sociedades na universidade onde haviam aprendido seu ofício. Daí vêm as bibliotecas e laboratórios; os observatórios; a esplêndida coleção de instrumentos caros e delicados que agora estão em prateleiras de vidro onde, séculos atrás, a relva balançava e os porcos cavavam raízes. Sem dúvida, conforme eu passeava pelo pátio, a fundação de ouro e prata me pareceu profunda o suficiente; as pedras estavam sólidas sobre a relva silvestre. Homens com bandejas sobre as cabeças iam, ocupados, de escada em escada. Flores chamativas desabrochavam em jardineiras. O clamor do gramofone vinha dos quartos lá dentro. Era impossível não refletir... mas a reflexão, qualquer que fosse, foi interrompida. O relógio soou. Estava na hora de ir almoçar.

É um fato curioso que os romancistas têm o hábito de nos fazer acreditar que almoços são invariavelmente memoráveis graças a algo muito espirituoso que foi dito ou algo muito sábio que foi feito. Mas eles quase nunca escrevem uma palavra sobre o que foi comido. Faz parte da convenção do romancista não mencionar sopa, salmão e patos, como se sopa, salmão e patos não tivessem a menor importância, como se ninguém nunca fumasse um charuto ou tomasse uma taça de vinho. Aqui, no entanto, tomarei a liberdade de não seguir essa convenção e dizer a vocês que o almoço, nessa ocasião, começou com linguado servido numa assadeira funda, sobre o qual o cozinheiro da faculdade espalhara uma camada do creme mais branco, exceto pelo fato de haver, aqui e ali, algumas manchinhas marrons, como as que se vê no couro de uma corça. Depois vieram as perdizes, mas se isso as faz pensar em um ou dois pássaros carecas e marrons numa travessa, vocês se enganaram. As perdizes, que eram muitas, chegaram com todo o seu séquito de molhos e saladas, os acres e os doces, todos na ordem certa; suas batatas, finas como moedas, mas não tão duras; suas couves-de-bruxelas, folhosas como rosas, porém mais suculentas. E, assim que havíamos acabado com o prato principal e seu séquito, os homens silenciosos que nos serviam, e que talvez fossem o próprio reitor numa manifestação mais branda, colocaram diante de nós, cercada de guardanapos, uma obra que se erguia como uma onda, toda feita de açúcar. Chamá-la de pudim e, desse modo, associá-la a arroz e tapioca, seria um insulto. Enquanto isso, as taças de vinho haviam sido enchidas de amarelo e escarlate; sido esvaziadas; e voltado a se encher. E assim, gradualmente, foi acesa, na metade da espinha dorsal, que é a morada da alma, não aquela luzinha elétrica forte que chamamos de genialidade, quando ela entra e sai pelos nossos lábios, mas o fulgor mais profundo, sutil e subterrâneo que é a chama viva e amarela da conversa racional. Não havia necessidade de se apressar. De brilhar. De ser ninguém além de si mesmo. Nós todos vamos para o céu e Van Dyck vai conosco.[7] Em outras palavras, como a vida parecia boa, como a amizade e companhia dos nossos pares pareciam admiráveis quando, acendendo um bom cigarro, afundamos nas almofadas do banco diante da janela.

Se, por sorte, houvesse um cinzeiro ali perto; se eu não tivesse batido a cinza pela janela na falta dele; se as coisas tivessem sido um pouco diferentes do que foram, eu não teria, presumivelmente, visto um gato sem rabo. Ver aquele animal abrupto e truncado caminhando em silêncio sobre o adro mudou, por algum acaso da inteligência inconsciente, a luz emocional para mim. Foi como se alguém houvesse fechado uma cortina. Talvez o efeito daquele vinho excelente estivesse se dissipando.

---

7 Antoon van Dyck (1599–1641), pintor flamengo. "Nós todos vamos para o céu e Van Dyck vai conosco", supostamente, foram as últimas palavras do pintor Thomas Gainsborough (1727–1788) para seu colega Joshua Reynolds (1723–1792).

O certo é que, enquanto eu observava o gato manx[8] parar no meio do gramado como se ele também questionasse o universo, algo me pareceu estar faltando, me pareceu diferente. Mas o que faltava, o que estava diferente?, me perguntei, ouvindo a conversa. E, para responder a essa pergunta, tive de me imaginar fora da sala, de volta ao passado, antes da guerra,[9] e dispor diante dos meus olhos o modelo de outro almoço dado num salão não muito distante desse; mas diferente. Tudo era diferente. Enquanto isso, a conversa continuava entre os convidados, que eram muitos e eram jovens, alguns de um sexo, outros, do outro; continuava fácil, agradável, franca e divertida. E, enquanto continuava, eu a coloquei contra o fundo daquela outra conversa e, quando comparei as duas, não tive dúvidas de que uma era a descendente, a legítima herdeira da outra. Nada tinha mudado; nada estava diferente, com a exceção de que ali, eu ouvi com minha atenção voltada não inteiramente para o que estava sendo dito, mas para o murmúrio ou correnteza por trás. Sim, era isso – era ali que estava a mudança. Antes da guerra, num almoço como esse, as pessoas teriam dito exatamente as mesmas coisas, mas teriam soado diferentes, porque, naquela época, eram acompanhadas por uma espécie de zumbido, não articulado, mas musical, excitante, que mudava o valor das próprias palavras. Seria possível dar uma letra àquele

---

8 A principal característica da raça de gato manx, originária da ilha de Man, é não ter rabo.

9 A Primeira Guerra Mundial (1914–1918).

zumbido? Talvez com a ajuda dos poetas. Havia um livro ao meu lado e, abrindo-o, virei as páginas de maneira suficientemente casual até chegar a Tennyson. E vi que Tennyson cantava:

Caiu uma lágrima esplêndida
Da flor de maracujá no portão.
Ela vem, meu amor, minha querida;
Ela vem, minha vida, meu destino;
A rosa vermelha exclama "Ela está perto";
E a rosa branca chora "Ela não chega";
O delfino diz "Eu ouço, eu ouço";
E o lírio sussurra, "Eu espero."[10]

Era isso que os homens murmuravam nos almoços antes da guerra? E as mulheres?

Meu coração é como um pássaro que canta
Cujo ninho fica num broto orvalhado;
Meu coração é como uma macieira
Cujos galhos pendem de frutas suculentas;
Meu coração é como uma concha furta-cor
Que rema num mar alciônico;

---

10 Trecho do poema "Maud", do poeta inglês Alfred Tennyson (1809–1892). No original: "There has fallen a splendid tear/ From the passion-flower at the gate./ She is coming, my dove, my dear;/ She is coming, my life, my fate;/ The red rose cries, 'She is near, she is near';/ And the white rose weeps, 'She is late';/ The larkspur listens, 'I hear, I hear';/ And the lily whispers, 'I wait'."

Meu coração é mais feliz do que tudo isso
Pois meu amor veio para perto de mim.[11]

Era isso que as mulheres murmuravam nos almoços antes da guerra?

Foi tão ridículo pensar nas pessoas murmurando essas coisas, mesmo baixinho, em almoços antes da guerra que eu desatei a rir e tive de explicar o meu riso apontando para o gato manx, que de fato parecia um pouco absurdo, pobrezinho, sem rabo, ali, no meio do gramado. Será que ele tinha mesmo nascido daquele jeito ou perdido o rabo num acidente? O gato sem rabo, embora se diga que existem alguns na ilha de Man, é mais raro do que se imagina. É um animal peculiar, mais exótico do que bonito. É estranha a diferença que um rabo faz – vocês sabem o tipo de coisa que se diz quando um almoço está chegando ao fim e as pessoas estão procurando seus casacos e chapéus.

Esse almoço, graças à hospitalidade do anfitrião, durara até o meio da tarde. O lindo dia de outubro se esvaecia e as folhas caíam das árvores na alameda por onde eu caminhava. Portão atrás de portão pareciam se fechar de maneira gentil, porém decisiva, às mi-

---

11 Trecho do poema "A Birthday" [Um aniversário], da poeta inglesa Christina Rossetti (1830–1894). No original: "My heart is like a singing bird/ Whose nest is in a water'd shoot;/ My heart is like an apple tree/ Whose boughs are bent with thick-set fruit;/ My heart is like a rainbow shell/ That paddles in a halcyon sea;/ My heart is gladder than all these/ Because my love is come to me."

nhas costas. Inúmeros bedéis estavam colocando inúmeras chaves em fechaduras bem lubrificadas; a casa dos tesouros estava sendo protegida para mais uma noite. Após a alameda, dá-se numa estrada – me esqueci do nome – que leva, se pegarmos a saída certa, até Fernham. Mas havia bastante tempo. O jantar era só às sete e meia. Seria quase possível ficar sem jantar após tal almoço. É estranho como um pedaço de poesia causa um efeito na mente e faz as pernas se moverem seguindo o ritmo dele. Essas palavras:

Caiu uma lágrima esplêndida
Da flor de maracujá no portão.
Ela vem, meu amor, minha querida...

dançavam nas minhas veias conforme fui andando depressa na direção de Hedingley. E então, trocando para a outra estrofe, eu cantei, no lugar onde as águas são revolvidas pela represa:

Meu coração é como um pássaro que canta
Cujo ninho fica num broto orvalhado;
Meu coração é como uma macieira...

Que poetas – exclamei eu, como em geral se faz no crepúsculo – que poetas eles eram!

Sentindo uma espécie de inveja, suponho, em nome da nossa época, por mais tolas e absurdas que sejam essas comparações, eu então me perguntei se seria capaz de, com honestidade, citar dois poetas vivos tão bons quanto Tennyson e Christina Rossetti. Obviamente, pensei, olhando as águas espumantes, é impossível compará-los. O motivo pelo qual aquela poesia leva alguém a tamanha entrega, tamanho êxtase, é o fato de ela celebrar um sentimento que se costumava ter (em almoços antes da guerra, talvez), de modo que se reage com facilidade e familiaridade, sem se incomodar em verificar o sentimento ou compará-lo com qualquer um que se tenha agora. Mas os poetas vivos expressam um sentimento que está sendo feito e arrancado de nós neste momento. Nós não o reconhecemos a princípio; e muitas vezes, por algum motivo, o tememos; o observamos de maneira penetrante e o comparamos, com inveja e desconfiança, com o velho sentimento que conhecíamos. Daí surge a dificuldade da poesia moderna; e é por causa dessa dificuldade que ninguém consegue se lembrar de mais do que dois versos consecutivos de qualquer bom poeta moderno. Por esse motivo – o de que a memória me falhava – o argumento murchou por falta de material. Mas por que, continuei eu, seguindo na direção de Headingley, nós paramos de murmurar baixinho nos almoços? Por que Alfred deixou de cantar:

Ela vem, meu amor, minha querida.

Por que Christina deixou de responder:

Meu coração é mais feliz do que tudo isso
Pois meu amor veio para perto de mim?

Devemos colocar a culpa na guerra? Quando os tiros soaram em agosto de 1914, será que os rostos dos homens e das mulheres mostraram com tanta clareza aos olhos uns dos outros que o romantismo estava morto? Decerto foi um choque (para as mulheres em particular, com suas ilusões sobre a educação e tudo o mais) ver os rostos dos nossos governantes à luz do fogo da artilharia. Como eles pareciam feios – alemães, ingleses, franceses – como pareciam estúpidos. Mas, no que quer que se coloque a culpa, em quem quer que se coloque a culpa, fato é que a ilusão que inspirou Tennyson e Christina Rossetti a cantarem de maneira tão apaixonada sobre a chegada de seus amores é muito mais rara agora do que era então. Basta ler, olhar, ouvir, para lembrar. Mas por que dizer "culpar"? Por que, se era uma ilusão, não louvar a catástrofe, qualquer que tenha sido, que destruiu a ilusão e colocou a verdade em seu lugar? Pois a verdade... esses pontos marcam o lugar no qual, em busca da verdade, eu passei da saída que dá em Fernham. Isso mesmo, o que era verdade e o que era ilusão?, eu me perguntei. Qual era a verdade sobre aquelas casas, por exemplo, que naquele momento estavam alegres, com suas janelas vermelhas à meia-luz do crepúsculo, mas que ficariam cruas, rubras e miseráveis, com seus doces e seus cadarços largados, às nove da manhã? E os salgueiros, o rio e os jardins que dão no rio, vagos agora com a névoa cobrindo-os devagar, mas dourados e vermelhos à luz do sol – qual era a verdade e qual era a ilusão sobre eles? Eu lhes pouparei das idas e vindas das minhas cogitações, pois nenhuma conclusão foi encontrada na estrada que levava a Headingley e eu lhes peço para supor que logo descobri o engano da saída e retornei, a caminho de Fernham.

Como eu já disse que era um dia de outubro, não ouso abrir mão de seu respeito e colocar em risco a boa reputação da ficção mudando de estação e descrevendo lírios pendendo sobre os muros dos jardins, açafrões, tulipas e outras flores da primavera. A ficção deve se ater aos fatos e, quanto mais verdadeiros os fatos, melhor a ficção – é o que nos dizem. Portanto, ainda era outono, as folhas ainda estavam amarelas e, pelo contrário, caíam ainda mais depressa do que antes, pois agora já era noite (sete e vinte e três, para ser exata) e uma brisa (vinda do sudoeste, para ser precisa) surgira. Mas, ainda assim, havia algo de estranho acontecendo:

Meu coração é como um pássaro que canta
Cujo ninho fica num broto orvalhado;
Meu coração é como uma macieira
Cujos galhos pendem de frutas suculentas...

talvez as palavras de Christina Rossetti fossem parcialmente responsáveis pela loucura que me fez imaginar – não era nada, é claro, apenas a minha imaginação – que o lilás sacudia suas flores sobre os muros do jardim, que as borboletas-limão voejavam para cá e para lá e que a poeira do pólen estava no ar. Um vento soprou, vindo de onde eu não sei, mas ele ergueu as folhas meio crescidas de modo que se viu um lampejo prateado. Era o momento entre as luzes, quando as cores

35

passam por uma intensificação e os violetas e dourados ardem nos vidros das janelas como o pulsar de um coração excitável; quando, por algum motivo, a beleza do mundo, revelada, mas que logo irá fenecer (aqui eu entrei no jardim, pois alguém cometera a imprudência de deixar o portão aberto, e não parecia haver nenhum bedel à vista), a beleza do mundo que logo irá fenecer tem dois gumes, um de riso, outro de angústia, cortando o coração em dois. Os jardins de Fernham estavam diante de mim no crepúsculo da primavera, selvagens e abertos, e, na grama crescida, atirados de maneira descuidada, havia narcisos e jacintos, que talvez não sejam ordeiros nem em seus melhores dias, mas que agora balançavam ao sabor do vento, puxando as próprias raízes. As janelas do edifício, curvadas como as janelas de um navio entre ondas generosas de tijolos vermelhos, iam de um tom limão a prata sob a fuga rápida das nuvens de primavera. Alguém estava numa rede, e outra pessoa, mas nessa luz eram fantasmas apenas, meio imaginados, meio vistos, estava correndo sobre a grama. Ninguém iria impedi-la? E então, no terraço, como que saindo para respirar um pouco de ar fresco, para dar uma olhada no jardim, surgiu uma figura vergada, imponente, porém humilde, com sua enorme testa e seu vestido puído – seria a famosa intelectual, seria a própria J.H.[12]? Tudo estava escuro,

12 Jane Ellen Harrison (1850–1928), acadêmica e linguista inglesa, uma das fundadoras do estudo moderno em mitologia grega.

mas também intenso, como se o lenço que o crepúsculo jogara sobre o jardim houvesse sido partido por
uma estrela ou uma espada – o corte de alguma terrível realidade saltando, como sempre acontece, do coração da primavera. Pois a juventude...

Aqui estava a minha sopa. O jantar estava sendo
servido no grande salão. Estava longe de ser primavera;
era, na verdade, uma noite de outubro. Todas estavam
reunidas no grande salão. O jantar estava pronto. Aqui
estava a sopa. Era uma sopa simples de carne. Não havia nada que despertasse a imaginação nisso. Teria sido
possível ver, através do líquido transparente, qualquer
desenho que houvesse no prato. Mas não havia desenho.
O prato era liso. Depois, veio a carne com seu acompa-
nhamento de couve e batatas – uma trindade simples,
que levava a pensar em cortes de boi num mercado enlameado, em couves amarelas com as pontas curvadas,
em barganhas e pechinchas e em mulheres carregando
sacolas numa segunda-feira de manhã. Não havia motivo para reclamar da comida diária da natureza humana, considerando-se que havia quantidade suficiente e
que, sem dúvida, mineiros de carvão estavam naquele
instante comendo menos. Depois, vieram ameixas com
creme. E, se alguém reclamar que as ameixas, mesmo
mitigadas por creme, são um vegetal cruel (pois fruta
não são), fibrosas como o coração de um avarento e ver-
tendo um fluido como aquele que deve correr nas veias
de um avarento que se furtou do vinho e do calor durante oitenta anos e ainda assim não deu nada aos pobres,
essa pessoa deve refletir que existem aqueles que têm

caridade até com as ameixas. Depois vieram os biscoitos e o queijo, e aqui a jarra de água foi muito passada ao redor da mesa, pois é da natureza dos biscoitos serem secos e esses eram biscoitos até o âmago. Isso foi tudo. A refeição tinha acabado. Todas afastaram suas cadeiras; as portas vai e vem balançaram com violência para um lado e para o outro; logo, o salão estava livre de qualquer resquício de comida e arrumado, decerto para o café da manhã do dia seguinte. Pelos corredores abaixo e pelas escadas acima, a juventude da Inglaterra saiu cantando e fazendo algazarra. E caberia a uma convidada, uma estranha (pois eu não tinha mais direitos aqui em Fernham do que em Trinity, Somerville, Girton, Newnham ou Christchurch)[13] dizer "o jantar não foi bom", ou dizer (pois eu e Mary Seton agora estávamos em sua saleta de estar) "nós não podíamos ter jantado aqui sozinhas?" Pois, se eu houvesse dito isso, estaria me intrometendo nas economias secretas de uma casa que mostra uma fachada tão bonita de alegria e coragem para uma estranha. Não, não era possível dizer nada daquilo. Na verdade, a conversa, por alguns instantes, morreu. Já que os seres humanos são como são, com o coração, o corpo e o cérebro todos misturados e não guardados em compartimentos separados, da maneira como, sem dúvida, serão daqui a um milhão de anos, um bom jantar é de grande importância para uma boa conversa. É impossível pensar bem, amar bem, dormir bem, se não se jantou bem. A luz da espinha dorsal não

13 Diversas faculdades do Reino Unido.

se acende com carne de boi e ameixas. Nós todos *provavelmente* vamos para o céu e *esperamos* que Van Dyck vá nos encontrar na próxima esquina – esse é o estado de espírito duvidoso e moderado que carne de boi e ameixas ao fim do dia fazem nascer. Por felicidade, a minha amiga, que dava aula de ciências, tinha um armário onde havia uma garrafa quadrada e copinhos (mas deveria ter havido linguado e perdizes desde o começo), de modo que nós pudemos chegar perto do fogo e reparar alguns dos danos cometidos pelo viver daquele dia. Após cerca de um minuto, estávamos deslizando livremente por entre aqueles objetos de curiosidade e interesse que se formam na mente na ausência de uma pessoa específica e que surgem com naturalidade quando se volta a encontrá-la – como uma pessoa se casou, outra não; como uma melhorou tanto que não é possível reconhecê-la e outra piorou muito –, com todas aquelas especulações sobre a natureza humana e sobre o caráter do mundo inacreditável em que vivemos que brotam em tais começos de conversa. No entanto, enquanto essas coisas estavam sendo ditas, eu, envergonhada, me dei conta de que uma corrente estava surgindo sozinha e carregando tudo até um fim próprio. Podia-se falar da Espanha ou de Portugal, de livros ou corridas de cavalos, mas o verdadeiro interesse do que quer que fosse dito não era nenhuma dessas coisas, eram pedreiros num telhado alto cinco séculos atrás. Reis e nobres trouxeram tesouros em sacos imensos e derramaram sob a terra. Essa cena não parava de ganhar vida na minha mente e de se colocar ao lado de outra, com vacas magras num mercado enlameado, couves murchas e os corações fibrosos dos velhos – essas duas imagens, apesar de serem desconjuntadas, desconexas e sem sentido, não paravam de se juntar e se combater, e me tinham inteiramente à sua mercê. O melhor caminho, a não ser que a conversa inteira fosse ser distorcida, era expor ao ar aquilo que estava na minha mente, quando então, com sorte, ele se esvaeceria e se despedaçaria como a cabeça do rei morto quando abriram seu caixão em Windsor.[14] Resumidamente, então, eu contei à srta. Seton sobre os pedreiros que tinham passado todos aqueles anos no telhado da capela, e sobre os reis, as rainhas e os nobres trazendo sacos de ouro e prata nos ombros, que colocaram, com pás, dentro da terra; e depois sobre como os grandes magnatas da nossa própria época vieram e colocaram cheques e ações, suponho, onde os outros colocaram lingotes e blocos de ouro. Tudo isso está debaixo daquelas faculdades lá, disse eu; mas e esta faculdade, onde nós estamos sentadas agora, o que há debaixo de seus valentes tijolos vermelhos e da grama mal cortada do jardim? Que força está por trás da louça sem desenho que usamos para comer e (isso pulou da minha boca antes que eu pudesse impedir) da carne de boi, do creme e das ameixas?

Bem, disse Mary Seton, lá pelo ano de 1860... Ah, mas você já sabe a história, disse ela – cansada, suponho,

---

14 Talvez seja uma referência ao rei Carlos I da Inglaterra, que foi decapitado em 1649. Seu caixão, que estava na Capela de São Jorge do Castelo de Windsor, foi aberto em 1813.

de tanto relatá-la. E ela me contou: salas foram alugadas. Comitês se reuniram. Envelopes foram endereçados. Circulares foram redigidas. Encontros ocorreram; cartas foram lidas em voz alta; fulano de tal prometeu tanto; por outro lado, o sr. __ não vai dar nem um centavo. O *Saturday Review* foi muito grosseiro. Como podemos arrecadar verba para pagar por escritórios? Devemos fazer um bazar? Não podemos encontrar uma menina bonita para sentar na primeira fileira? Vamos ver o que John Stuart Mill escreveu sobre o assunto. Alguém consegue convencer o editor do __ a publicar uma carta? Será que lady __ assinaria? Lady __ está viajando. É assim, presumivelmente, que foi feito sessenta anos atrás, e foi um esforço prodigioso e levou um tempo enorme.[15] E foi só depois de uma longa luta e com a maior dificuldade que elas juntaram 30 mil libras.[16] Então, obviamente, não podemos tomar vinho, comer perdizes e ter criados que carregam bandejas nas cabeças, disse ela. Não podemos ter sofás e

---

15 Provável referência a Girton, que foi fundada em 1869, após anos de reuniões e campanhas para angariar fundos organizadas pela feminista inglesa Emily Davies e outras mulheres.

16 "Disseram para nós que deveríamos pedir pelo menos 30 mil libras [...]. Não é uma soma grande, considerando-se que só haverá uma faculdade assim para a Grã-Bretanha, a Irlanda e as Colônias, e considerando-se como é fácil angariar somas imensas para escolas de meninos. Mas, se pensarmos em quão poucas pessoas de fato desejam que as mulheres sejam instruídas, é bastante." *Emily Davies and Girton College* [Emily Davies e a faculdade Girton], de Barbara Nightingale Stephen. (N. da A.)

quartos separados. "Os confortos", disse ela, citando um livro qualquer, "terão de esperar."[17]

Ao pensar em todas essas mulheres trabalhando ano após ano e tendo dificuldades em juntar 2 mil libras, e quase não conseguindo juntar 30 mil, nós soltamos exclamações de desprezo pela repreensível pobreza do nosso sexo. O que nossas mães ficaram fazendo para não ter nenhuma fortuna para nos deixar? Passando pó de arroz no nariz? Olhando as vitrines? Pegando sol em Monte Carlo? Havia algumas fotografias em cima da lareira. A mãe de Mary – se é que aquela foto era dela – talvez tenha sido uma perdulária nas horas vagas (ela teve treze filhos de um pároco da igreja), mas, se foi, sua vida alegre e dissipada deixou poucos traços de prazer em seu rosto. Ela era mal-apessoada; uma senhora com um xale xadrez preso por um camafeu grande, sentada numa cadeira de palha, encorajando um spaniel a olhar para a câmera, com aquela expressão divertida, porém tensa, de alguém que tem certeza de que o cachorro vai se mexer assim que dispararem o flash. Mas, se ela houvesse entrado no ramo dos negócios; se tornado uma fabricante de seda artificial ou uma magnata da Bolsa de Valores; e deixado 200 ou 300 mil libras para Fernham, nós poderíamos estar sentadas na maior comodidade esta noite e o assunto da nossa conversa poderia ter sido arqueologia, botânica, antropologia, física,

---

17 "Cada centavo que conseguimos juntar foi guardado para a construção, e os confortos tiveram de ser adiados." *The Cause* [A causa], de Rachel Strachey. (N. da A.)

a natureza do átomo, matemática, astronomia, relatividade, geografia. Se a sra. Seton, sua mãe e sua avó tivessem aprendido a grande arte de ganhar dinheiro e tivessem, como seus pais e avôs, deixado seu dinheiro para fundar sociedades, leitorados, prêmios e bolsas voltados para o uso de seu próprio sexo, nós poderíamos ter servido um jantar aceitável aqui em cima sozinhas, com uma ave e uma garrafa de vinho; poderíamos ter uma expectativa bastante razoável de levar uma vida agradável e honrosa ao abrigo de uma das profissões mais lucrativas. Poderíamos explorar, escrever ou vagar pelos lugares veneráveis da terra; nos sentar, contemplativas, nos degraus do Partenon ou ir para um escritório às dez e voltar para casa satisfeitas às quatro e meia para escrever um pouco de poesia. Mas, se a sra. Seton e outras iguais a ela tivessem entrado no ramo dos negócios aos 15 anos de idade, minha amiga Mary não teria existido – esse era o problema com o argumento. O que, perguntei eu, Mary achava disso? Lá, entre as cortinas, estava a noite de outubro, tranquila e bela, com uma ou duas estrelas presas entre as árvores de folhas amareladas. Será que Mary estava preparada para abrir mão da parte que lhe cabia daquela noite e de suas lembranças (pois sua família fora feliz, apesar de grande) das brincadeiras e das brigas lá na Escócia, que ela nunca se cansava de elogiar pela pureza do ar e a qualidade dos bolos, para que Fernham pudesse ter recebido uma doação de cerca de 50 mil libras com uma canetada? Pois, para que houvesse dinheiro para uma faculdade, seria necessária a completa extinção das famílias. Fazer uma fortuna e ter treze filhos – nenhum ser humano seria capaz de suportar isso. Considerem os fatos, dissemos nós. Primeiro, há nove meses antes de o bebê nascer. Depois, o bebê nasce. Depois, passa-se três ou quatro meses amamentando o bebê. Depois que o bebê é amamentado, certamente passa-se cinco anos brincando com o bebê. Não se pode, aparentemente, largar as crianças na rua. Pessoas que já as viram correndo soltas na Rússia disseram que a cena não é agradável. E também dizem que a natureza humana toma forma entre as idades de um e cinco anos. Se a sra. Seton, disse eu, estivesse ganhando dinheiro, que espécie de lembranças você teria das brincadeiras e das brigas? O que você saberia da Escócia, com seu ar puro, seus bolos e tudo o mais? Mas é inútil fazer essas perguntas, porque você nunca teria existido. Além do mais, é igualmente inútil perguntar o que teria acontecido se a sra. Seton, sua mãe e sua avó tivessem juntado uma grande fortuna e a colocado sob as fundações de faculdades e bibliotecas, pois, em primeiro lugar, ganhar dinheiro era impossível para elas e, em segundo lugar, se houvesse sido possível, a lei lhes negava o direito de possuir qualquer dinheiro que ganhassem. Apenas nos últimos quarenta e oito anos a sra. Seton teve um centavo de seu.[18] Durante todos

18 Em 1882, a legislação inglesa passou a permitir que as mulheres continuassem a ser donas das propriedades que possuíam antes do casamento, assim como a reter o que ganhassem com o seu trabalho. Antes dessa mudança na legislação,

os séculos anteriores, tudo teria sido propriedade de seu marido – uma ideia que, talvez, tenha ajudado a manter a sra. Seton e suas ancestrais longe da Bolsa de Valores. Cada centavo que eu ganhar, talvez elas tenham dito, será tirado de mim e gastado de acordo com as decisões do meu marido – talvez para criar uma bolsa ou fundar um sociedade em Balliol ou Kings,[19] de modo que ganhar dinheiro, mesmo se eu pudesse fazê-lo, não é uma questão que me interessa muito. Melhor deixar isso para o meu marido.

De qualquer maneira, quer a culpa fosse ou não da senhora que estava olhando para o cachorro, não havia dúvida de que, por um motivo ou por outro, nossas mães haviam cuidado muito mal de seus negócios. Não sobrara um centavo para os "confortos"; para perdizes e vinho, bedéis e gramados, livros e charutos, bibliotecas e ócio. Erguer paredes nuas da terra seca foi o máximo que elas conseguiram fazer.

Então nós conversamos paradas diante da janela, olhando, como tantas pessoas olham todos os dias, para as cúpulas e torres da famosa cidade lá embaixo. Ela estava muito bonita, muito misteriosa à luz do luar de outono. As velhas pedras pareciam muito brancas e veneráveis. Isso me levou a pensar em todos os livros que estavam reunidos ali; nos retratos de velhos pre-

---

toda propriedade de uma mulher casada ficava no nome do marido dela .

19 Respectivamente, uma faculdade de Oxford e outra de Cambridge que, na época, não aceitavam alunas mulheres.

lados e honoráveis pendurados nos painéis de madeira das paredes; nos vitrais das janelas formando estranhos globos e meias-luas nas calçadas; em placas, memoriais e inscrições; nos chafarizes e no gramado; nos quartos silenciosos que davam para os pátios silenciosos. E (perdoem-me por isso), eu pensei também nos cigarros e bebidas admiráveis, nas poltronas fundas e nos tapetes macios; na urbanidade, na afabilidade, na dignidade que são os filhos do luxo, da privacidade e do espaço. Certamente, nossas mães não haviam nos munido de nada comparável a tudo aquilo – nossas mães que tiveram dificuldade em juntar 30 mil libras, nossas mães que tiveram treze filhos de párocos da igreja em St. Andrews.[20]

Então eu voltei para a minha pousada e, conforme caminhava pelas ruas escuras, fiquei refletindo sobre algumas coisas, como se faz no fim do dia. Refleti sobre por que a sra. Seton não tinha nenhum dinheiro para deixar para nós; sobre que efeito a pobreza tem sobre a mente; e que efeito a riqueza tem sobre a mente; e pensei nos estranhos senhores que tinha visto aquela manhã, com tufos de pelo nos ombros; e lembrei como, se alguém assoviava, um deles saía correndo; e pensei no órgão retumbante da capela e nas portas fechadas da biblioteca; e pensei em como é desagradável ser trancado do lado de fora; e em como talvez seja pior ser trancado do lado de dentro; e, pensando sobre a segurança e a prosperidade de um dos sexos e a inse-

20 Cidade na Escócia.

gurança e a pobreza do outro, e sobre o efeito da tradição e da falta de tradição sobre a mente de um escritor, achei que, afinal, estava na hora de enrolar o pergaminho amassado daquele dia, com seus argumentos e impressões, sua raiva e seu riso, e atirá-lo na sebe. Mil estrelas brilhavam nos desertos azuis do céu. Eu parecia estar sozinha em meio a uma sociedade inescrutável. Todos os seres humanos estavam adormecidos – prostrados, horizontais, mudos. Ninguém parecia se mover nas ruas de Oxbridge. Até mesmo a porta da pousada se abriu ao toque de uma mão invisível – não havia nem um limpa-botas acordado para me acompanhar com o lampião até o quarto, de tão tarde que era.

Capítulo ———————— 2

Se vocês puderem me fazer o favor de me acompanhar, veremos que a cena tinha mudado. As folhas ainda estavam caindo, mas agora em Londres, não em Oxbridge; por favor, imaginem uma sala como outras milhares de salas, com uma janela e uma vista que atravessa os chapéus, carroças e automóveis das pessoas e vai até outras janelas; e, na mesa dentro da sala, uma folha de papel em branco na qual estava escrito em letras grandes "As mulheres e a ficção", mas nada além disso. A consequência inevitável de almoçar e jantar em Oxbridge parecia, infelizmente, ser uma visita ao Museu Britânico. Era preciso peneirar o que havia de pessoal e acidental em todas aquelas impressões e assim chegar ao fluido puro, ao óleo essencial da verdade. Pois aquela visita a Oxbridge, o almoço e o jantar, tinham dado início a uma enxurrada de perguntas. Por que os homens bebem vinho e as mulheres, água? Por que um sexo era tão próspero e o outro, tão pobre? Que efeito a pobreza tem sobre a ficção? Que condições são necessárias para a criação de obras de arte? Mil perguntas surgiam ao mesmo tempo. Mas eram necessárias respostas, não perguntas; e uma resposta só seria obtida consultando os sábios e os imparciais, aqueles que se colocaram acima da luta das palavras e da confusão do corpo e entregaram ao mundo o resultado de seus raciocínios e suas pesquisas escrevendo-o em livros que estão no Museu Britânico. Se a verdade não é encontrada nas prateleiras do Museu Britânico, onde, eu me perguntei, pegando um caderno e um lápis, está a verdade?

Assim munida, assim confiante e curiosa, eu saí em busca da verdade. Embora não chovesse, fazia um tempo horrível e as ruas perto do museu estavam repletas de depósitos de carvão abertos, para dentro dos quais jorravam sacos; carruagens de quatro rodas paravam e colocavam sobre a calçada caixas amarradas que continham, presumivelmente, todo o guarda-roupa de alguma família italiana ou suíça que viera atrás de fortuna, refúgio ou algum outro bem que poderia ser encontrado nas casas de cômodos de Bloomsbury no inverno. Os homens de voz rouca que sempre estão por ali marchavam pelas ruas levando plantas em carrinhos de mão. Alguns gritavam; outros cantavam. Londres era uma oficina. Londres era uma máquina. Nós estávamos todos sendo atirados para a frente e para trás diante desse fundo branco para formar algum desenho. O Museu Britânico era outro departamento da fábrica. As portas vai e vem se abriram; e lá estava eu sob a enorme cúpula, como se fosse um pensamento na imensa testa careca que é circundada de maneira tão esplêndida por uma faixa de nomes famosos. Fui ao balcão; peguei uma tira de papel; abri um dos tomos do catálogo e..... os cinco pontos aqui indicam cinco minutos inteiros de estupefação, assombro e perplexidade. Vocês fazem alguma ideia de quantos livros são escritos sobre as mulheres ao longo de um ano? Fazem alguma ideia de quantos são escritos por homens? Têm consciência de que talvez sejam o animal mais discutido do universo? Eu fora até lá levando um caderno e um lápis, com a intenção de passar a manhã lendo, supondo que, no fim daquelas horas, teria transferido a verdade para o meu caderno. Mas eu teria de ser uma manada de elefantes, pensei, e uma floresta de aranhas, referindo-me desesperadamente aos animais que dizem ser os mais longevos e àqueles que possuem os mais multíplices olhos, para conseguir lidar com tudo aquilo. Eu precisaria de garras de aço e um bico de latão só para penetrar a casca. Como serei capaz de encontrar os grãos de verdade engastados nessa massa de papel? Eu me perguntei e, em desalento, comecei a passar os olhos para cima e para baixo pela longa lista de títulos. Até mesmo os nomes dos livros me deram o que pensar. É claro que o sexo e sua natureza atraem médicos e biólogos; mas o surpreendente e difícil de explicar era o fato de que o sexo – ou seja, a mulher – também atraía afáveis ensaístas, romancistas de dedos leves, rapazes que fizeram mestrado, rapazes que não se formaram em coisa nenhuma, homens sem nenhuma qualificação aparente exceto não serem mulheres. Alguns desses livros pareciam ser frívolos e jocosos; mas muitos outros, por outro lado, eram sérios e proféticos, morais e exortatórios. Apenas a leitura dos títulos trazia à lembrança inúmeros professores, inúmeros clérigos subindo em suas plataformas e púlpitos e discursando com uma loquacidade que ultrapassava em muito a hora normalmente reservada para a discussão desse único assunto. Era um fenômeno muito estranho; e aparentemente – aqui, eu consultei a letra H – restrito ao sexo masculino. As mulheres não escrevem livros sobre os homens – um fato que não pude deixar de descobrir com alívio, pois, se precisasse primeiro ler tudo o que os homens já escreveram sobre as mulheres e depois tudo que as mulheres já escreveram sobre os homens, a babosa que floresce uma vez a cada cem anos teria florescido duas vezes antes que conseguisse tocar o papel com a pena. Assim, fazendo uma escolha inteiramente arbitrária de cerca de uma dúzia de livros, coloquei minhas tiras de papel sobre a bandeja de metal e esperei no meu banquinho entre outros que buscavam o óleo essencial da verdade.

Qual poderia ser o motivo, então, dessa curiosa disparidade, eu me perguntei, desenhando rodinhas nas tiras de papel fornecidas pelos contribuintes britânicos para outros propósitos? Por que as mulheres, a julgar por esse catálogo, são tão mais interessantes para os homens do que os homens para as mulheres? Parecia um fato muito curioso e minha mente divagou, imaginando as vidas dos homens que passam seu tempo escrevendo livros sobre mulheres: seriam eles velhos ou jovens, casados ou solteiros, com narizes vermelhos ou corcundas? De qualquer maneira, era vagamente lisonjeiro sentir-se objeto de tanta atenção, contanto que ela não fosse prestada apenas pelos aleijados e pelos enfermos. Assim refleti, até que todos esses pensamentos frívolos cessaram quando uma avalanche de livros caiu sobre a mesa diante da qual eu estava. Agora, começava o problema. O estudante que foi treinado para pesquisar em Oxbridge sem dúvida tem algum método de pastorear sua pergunta para longe de qualquer distração até que esta chega à resposta como uma ovelha chega ao curral. O estudante ao meu lado, por exemplo, que copiava assiduamente algo de um manual científico, estava, eu tinha certeza, extraindo pepitas puras do minério essencial mais ou menos a cada dez minutos. Era isso que seus pequenos grunhidos de satisfação indicavam. Mas, infelizmente, se alguém não foi treinado numa universidade, a pergunta, longe de ser pastoreada para dentro do curral, foge que nem um rebanho assustado para lá e para cá, atabalhoadamente, perseguida por uma matilha inteira de cães. Professores de faculdade, professores de colégio, sociólogos, clérigos, romancistas, ensaístas, jornalistas, homens sem nenhuma qualificação exceto o fato de não serem mulheres perseguiram minha pergunta simples e solitária – por que algumas mulheres são pobres? – até ela se transformar em cinquenta perguntas; e até que as cinquenta perguntas pulassem desesperadas num riacho e fossem levadas pela correnteza. Todas as páginas do meu caderno foram cobertas de anotações. Para mostrar a vocês como estava o meu estado de espírito eu lerei algumas delas, explicando que no topo da página estava escrito simplesmente "AS MULHERES E A POBREZA" em letras maiúsculas; mas o que vinha a seguir era algo assim:

Condição na Idade Média de,
Hábitos nas ilhas Fiji de,
Adoradas como deusas por,
Com a moral mais fraca do que,
Idealismo de,
Maior integridade de,

Ilhéus do Pacífico Sul, idade da puberdade entre,
Beleza de,
Oferecidas em sacrifício a,
Pequeno tamanho do cérebro de,
Subconsciência mais profunda de,
Menos pelos no corpo de,
Inferioridade mental, moral e física de,
Amor às crianças de,
Maior duração de vida de,
Músculos mais fracos de,
Afeições fortes de,
Vaidade de,
Maior instrução de,
Opinião de Shakespeare sobre,
Opinião de lorde Birkenhead sobre,[21]
Opinião do deão Inge[22] sobre,
Opinião de La Bruyère sobre,
Opinião de dr. Johnson[23] sobre,
Opinião do sr. Oscar Browning[24] sobre...

Aqui eu respirei fundo e acrescentei na margem: Por que Samuel Butler diz "Os homens sábios nunca fa-

---

21 F. E. Smith, conde de Birkenhead (1872-1930) foi um político inglês que se opôs ao sufrágio feminino.

22 William Randolph Inge (1860-1954), religioso inglês que se opôs ao sufrágio feminino.

23 Samuel Johnson (1709-1784), escritor e lexicógrafo inglês considerado um dos principais intelectuais do país no século XVIII.

24 Oscar Browning (1837-1923), historiador e educador inglês.

lam o que pensam das mulheres?"[25] Na verdade, parece que eles nunca falam de outra coisa. Mas, continuei, me recostando na cadeira e olhando para aquela vasta cúpula; eu era como um pensamento solitário, porém já ligeiramente irritado, e continuei a refletir: a infelicidade é que os homens sábios nunca pensam a mesma coisa sobre as mulheres. Pope disse:

"A maioria das mulheres não tem nenhum caráter."

E La Bruyère disse:

"Les femmes sont extrêmes; elles sont meilleures ou pires que les hommes."[26]

Uma contradição completa entre dois observadores perspicazes que foram contemporâneos. Elas podem ser instruídas ou não? Napoleão achava que não. Dr. Johnson achava o oposto.[27] Elas têm alma ou

---

25 Samuel Butler (1613–1680), poeta satírico inglês. A frase inteira é: "Já foi dito que todos os homens sensatos têm a mesma religião e nenhum homem sensato jamais diz que religião é essa. Da mesma forma, todos os homens sensatos têm a mesma opinião sobre as mulheres e nenhum homem sensato jamais diz que opinião é essa."

26 As mulheres são extremas; elas são melhores ou piores do que os homens.

27 "'Os homens sabem que as mulheres levam vantagem sobre eles e, por isso, escolhem as mais fracas ou as mais ignorantes. Se não achassem isso, jamais poderiam ter medo de

não têm? Alguns selvagens dizem que não. Outros, pelo contrário, afirmam que as mulheres são meio divinas e as idolatram por causa disso.[28] Alguns sábios acreditam que elas têm inteligência mais rasa; outros, que têm a consciência mais profunda. Goethe as honrava; Mussolini as despreza. Para onde quer que se olhasse, os homens estavam pensando sobre as mulheres, e pensando de maneira diferente. Era impossível encontrar algum sentido naquela coisa sem pé nem cabeça, eu decidi, espiando com inveja o leitor ao lado, que estava fazendo resumos muito bonitos, muitas vezes com A, B ou C escritos no topo, enquanto o meu próprio caderno estava coberto de anotações contraditórias escritas às pressas. Era angustiante, era desorientador, era humilhante. A verdade tinha me escorrido pelos dedos. Não restara nem uma gota.

Seria impossível voltar para casa, refleti, e acrescentar como contribuição séria ao estudo sobre as mulheres e a ficção o fato de que as mulheres têm menos pelos no corpo do que os homens, ou que a idade da puberdade entre os ilhéus do Pacífico Sul é nove anos

---

que as mulheres soubessem tanto quanto eles [...].' Para fazer justiça ao sexo, acho que é simples franqueza reconhecer que, numa conversa subsequente, ele me disse que estava falando sério." *The Journal of a Tour to the Hebrides with Samuel Johnson* [Diário de uma viagem às Hébridas com Samuel Johnson], de James Boswell. (N. da A.)

28 "Os antigos povos alemães acreditavam que havia algo de sagrado nas mulheres e, por isso, as consideravam oráculos." *O ramo de ouro*, de James George Frazer. (N. da A.)

– ou seria noventa? Até mesmo a minha caligrafia, em sua perturbação, se tornara indecifrável. Era uma desonra não ter nada mais respeitável ou de maior peso para mostrar após passar uma manhã inteira trabalhando. E se eu não conseguia chegar à verdade sobre M (como, por questão de brevidade, passara a chamá-la) no passado, por que me incomodar com M no futuro? Parecia pura perda de tempo consultar todos aqueles cavalheiros que se especializam na mulher e em seu efeito sobre o que quer que seja – a política, as crianças, os salários, a moral – por mais numerosos e eruditos que eles sejam. Era melhor manter seus livros fechados.

Mas, ao mesmo tempo que ponderava, eu, inconscientemente, no meu desânimo, no meu desespero, vinha fazendo um desenho, embora devesse, como o meu vizinho, estar escrevendo uma conclusão. Eu vinha desenhando um rosto, um corpo. Era o rosto e o corpo do professor von X, ocupado em escrever sua obra monumental, intitulada *A inferioridade mental, moral e física do sexo feminino*. Ele não era, no meu desenho, um homem do tipo que atrai as mulheres. Era corpulento; tinha uma grande papada; para equilibrar, olhos muito pequenos; e um rosto muito vermelho. Sua expressão indicava que estava dominado por alguma emoção que o fazia cravar a caneta no papel como se estivesse matando algum inseto nocivo enquanto escrevia, mas, mesmo após matá-lo, ele não se satisfez; precisava continuar matando-o; e ainda assim lhe restava alguma causa de raiva e irritação. Poderia ser sua esposa?, perguntei, olhando para o desenho. Será que ela estava apaixonada por um oficial da cavalaria? Será que o oficial da cavalaria era esbelto, elegante e vestia astracã? Será que uma menina bonita tinha rido do professor quando ele ainda era bebê, para adotar a teoria freudiana? Pois nem quando bebê ele deve ter sido uma criança atraente, pensei. Fosse qual fosse o motivo, o professor fora desenhado por mim como um homem muito feio que estava com muita raiva enquanto escrevia seu grande livro sobre a inferioridade mental, moral e física das mulheres. Fazer desenhos era uma maneira preguiçosa de terminar uma manhã improdutiva. No entanto, é em nosso ócio, em nossos sonhos, que a verdade submersa às vezes vem à tona. Um exercício bastante elementar de psicologia, que não merece a honra de ser chamado de psicanálise, me mostrou, quando eu olhei para o meu caderno, que o desenho do professor raivoso fora feito com raiva. A raiva agarrara o meu lápis enquanto eu sonhava. Mas o que a raiva estava fazendo aqui? Interesse, confusão, divertimento, tédio – eu conseguia seguir o rastro de todas essas emoções e defini-las conforme haviam surgido ao longo da manhã. Será que a raiva, a cobra negra, estivera à espreita no meio delas? Sim, dizia o desenho, estivera. Ele me levava, inconfundivelmente, àquele livro, àquela frase, que acordara o demônio: era a afirmação do professor sobre a inferioridade mental, moral e física das mulheres. Meu coração tinha dado um pulo. Minhas faces tinham ficado em brasa. Eu tinha corado de raiva. Não havia nada de extraordinário nisso, por mais que fosse uma tolice. Ninguém gosta de ouvir que é naturalmente inferior a um homenzinho – eu olhei para o estudante ao meu lado – que arfa, usa gravatas baratas e não se barbeia há duas semanas. Nós temos certas vaidades tolas. É apenas a natureza humana, refleti, e comecei a desenhar rodinhas e círculos sobre o rosto do professor raivoso até ele parecer um arbusto em chamas ou um cometa flamejante – ou seja, uma aparição nada humana e sem significado. O professor era apenas uma fogueirinha acesa no Hampstead Heath. Logo, a minha própria raiva foi explicada e deixada de lado; mas a curiosidade continuou. Como explicar a raiva dos professores? Por que eles sentiam aquilo? Pois, quando eu analisava a impressão deixada por aqueles livros, sempre havia um elemento de ardor. Esse ardor assumia muitas formas: ele se mostrava através da sátira, do sentimentalismo, da curiosidade, da reprovação. Mas havia outro elemento que com frequência estava presente e que não podia ser imediatamente identificado. Raiva, afirmei eu. Mas era uma raiva que se escondera e se misturara com diversas outras emoções. A julgar por seus efeitos estranhos, era uma raiva disfarçada e complexa, não simples e franca.

Qualquer que fosse o motivo, todos esses livros, pensei eu, examinando a pilha sobre a mesa, são inúteis para os meus propósitos. Inúteis cientificamente, quero dizer, embora humanamente fossem repletos de instrução, interesse, tédio e fatos muito estranhos sobre os costumes dos habitantes das ilhas Fiji. Eles haviam sido escritos à luz vermelha da emoção e não à luz branca da verdade. Portanto, precisam ser devolvidos ao balcão central e recolocados cada um em seu alvéolo do imenso favo. Tudo que eu conseguira naquela manhã de trabalho fora um único fato: a raiva. Os professores – era assim que eu definia todos eles – estavam com raiva. Mas por que, eu me perguntei após devolver os livros, por que, repeti, postada sob a colunata entre os pombos e as canoas pré-históricas, por que eles estavam com raiva? E, me fazendo essa pergunta, fui encontrar um lugar para almoçar. Qual é a verdadeira natureza daquilo que, por enquanto, chamarei de a sua raiva? Eu perguntei. Ali estava um enigma que duraria todo o tempo que leva para servirem a comida num pequeno restaurante em algum lugar perto do Museu Britânico. Alguém que almoçara mais cedo havia deixado a edição de meio-dia do jornal da noite sobre uma cadeira e, enquanto esperava que me servissem, eu comecei a ler distraidamente as manchetes. Uma fileira de letras muito grandes atravessava a página. Alguém tinha obtido uma grande vitória na África do Sul. Fileiras menores anunciavam que sir Austen Chamberlain estava em Genebra. Um machado de cortar carne com cabelos humanos grudados havia sido encontrado num porão. O juiz ___, que julga casos de divórcio, fizera um comentário sobre a "Falta de vergonha das mulheres". Salpicadas pela página estavam outras notícias. Uma atriz de cinema fora baixada por cabos de uma montanha na Califórnia e ficara suspensa no ar. Ia haver um nevoeiro. O mais apressado visitante deste planeta que pegasse este jornal, pensei eu, não poderia deixar de se dar conta, mesmo diante dessas provas desconexas, de que a Inglaterra é regida por um patriarcado. Nenhuma pessoa no seu juízo perfeito poderia deixar de detectar o domínio do professor. Era dele o poder, o dinheiro e a influência. Ele era o proprietário do jornal, seu editor e seu subeditor. Ele era o Secretário do Exterior e o juiz. Ele era o jogador de críquete; era o dono dos cavalos de corrida e dos iates. Era o diretor da empresa que paga duzentos por cento a seus acionistas. Ele deixava milhões para instituições de caridade e faculdades regidas por ele mesmo. Ele suspendia a atriz de cinema no ar. Ele irá decidir se o cabelo no machado de cortar carne é humano; ele irá inocentar ou condenar o assassino, enforcá-lo ou libertá-lo. Com exceção do nevoeiro, ele parecia controlar tudo. Ainda assim, estava com raiva. Eu sabia que estava com raiva por causa desse indício. Quando li o que escreveu sobre as mulheres, não pensei no que estava dizendo, mas nele próprio. Quando um argumentador argumenta desapaixonadamente, pensa apenas em seu argumento; e o leitor não pode deixar de pensar no argumento também. Se ele houvesse escrito desapaixonadamente sobre as mulheres, se houvesse usado provas irrefutáveis para estabelecer seu argumento e não houvesse mostrado nenhuma indicação de que desejava que o resultado fosse uma coisa e não a outra, eu também não teria ficado com raiva. Teria aceitado o fato, como a gente aceita o fato de que uma ervilha é verde e um canário, amarelo. Que assim seja, eu teria dito. Porém, eu ficara com raiva, pois ele estava com raiva. Mas parecia absurdo, pensei, virando as páginas do jornal da noite, que um homem, com todo o seu poder, sentisse raiva. Ou, eu me perguntei, seria a raiva um diabrete, o espírito familiar que acompanha o poder? Os ricos, por exemplo, com frequência ficam com raiva porque suspeitam que os pobres desejem se apossar de sua fortuna. Os professores, ou os patriarcas, como talvez seja mais exato chamá-los, talvez estejam com raiva em parte por esse motivo, mas em parte por outro que não está tão obviamente na superfície. Também é possível que não estivessem nem um pouco com "raiva;" muitas vezes, na verdade, foram reverentes, apaixonados, exemplares em seus relacionamentos privados. É possível que o professor, quando insistiu um pouco enfaticamente demais na inferioridade das mulheres, estivesse preocupado não com a inferioridade delas, mas com a superioridade dele. Era isso que ele estava protegendo de maneira bastante exaltada e com ênfase demais, pois isso, para ele, era uma joia de valor inestimável. A vida para ambos os sexos – e eu olhei para eles, caminhando com dificuldade pela calçada – é árdua, difícil, uma eterna batalha. Exige coragem e força gigantescas. Mais do que qualquer coisa, talvez, por sermos os escravos da ilusão que somos, ela exige confiança em si mesmo. Sem autoconfiança, somos como crianças de berço. E como podemos gerar essa qualidade imponderável, que ainda assim é tão valiosa, da maneira mais rápida? Pensando que talvez outras pessoas sejam inferiores a nós. Sentindo que talvez tenhamos alguma superioridade inata – talvez fortuna, ou posição social, ou um nariz reto, ou um retrato de um avô pintado por Romney,[29] pois não há fim para os ardis patéticos da imaginação humana – às outras pessoas. Daí a enorme importância para um patriarca que precisa conquistar, que precisa reinar, de sentir que um número enorme de pessoas, metade da raça humana, na verdade, é, por natureza, inferior a ele. Isso deve, realmente, ser uma das fontes do seu poder. Mas deixe-me voltar a luz dessa observação para a vida real, eu pensei. Será que ela ajuda a explicar alguns daqueles enigmas psicológicos que nós anotamos nas margens da vida cotidiana? Será que explica o meu espanto do outro dia, quando Z, um homem tão gentil e tão modesto, pegando um livro de Rebecca West[30] e lendo um trecho, exclamou: "Essa feminista contumaz! Ela diz aqui que os homens são esnobes!" A exclamação, tão surpreendente para mim – afinal, por que chamar a srta. West de feminista contumaz por fazer uma afirmação possivelmente verdadeira, ainda que não muito lisonjeira, sobre o outro sexo? –, não era apenas o grito de alguém com a vaidade ferida; era um protesto contra alguma violação de seu poder de acreditar em si mesmo. Durante todos esses séculos, as mulheres serviram de espelho, possuindo o poder mágico e delicioso de refletir o homem de um tamanho duas vezes maior do que o natural. Sem esse poder, a terra talvez ainda

---

29 George Romney (1734–1802), pintor inglês conhecido pelos seus retratos.

30 Pseudônimo de Cicily Isabel Andrews (1892–1983), romancista e jornalista feminista.

estivesse coberta por pântanos e selvas. As glórias de todas as nossas guerras seriam desconhecidas. Nós ainda estaríamos gravando silhuetas de cervos em ossos de carneiros e trocando pederneiras por peles de ovelha ou qualquer ornamento simples que agradasse ao nosso gosto rústico. "Super-homens" e "Dedos do destino" jamais teriam existido. O Czar e o Kaiser jamais teriam usado coroas ou as perdido. Qualquer que seja o seu uso em sociedades civilizadas, os espelhos são essenciais para todas as ações violentas e heroicas. É por isso que Napoleão e Mussolini enfatizam tanto a inferioridade das mulheres, pois, se elas não fossem inferiores, deixariam de engrandecer os homens. Isso serve para explicar, em parte, a necessidade que, com frequência, os homens têm das mulheres. E serve para explicar quão inquieto ele fica diante das críticas dela; como é impossível para ela dizer para ele esse livro é ruim, esse quadro é fraco, ou o que quer que seja, sem causar muito mais dor e despertar muito mais raiva do que um homem que fizesse a mesma crítica. Pois, se ela começa a falar a verdade, o reflexo no espelho encolhe; a aptidão dele para a vida diminui. Como pode ele continuar a dar sentenças, civilizar nativos, fazer leis, escrever livros, se paramentar e fazer discursos em banquetes se não puder se ver, no café e no jantar, ao menos duas vezes maior do que realmente é? Assim meditei, partindo o meu pão e mexendo o meu café e, de tempos em tempos, olhando as pessoas na rua. A visão no espelho é de suprema importância, pois ela energiza a vitalidade; ela estimula o sistema nervoso. Tire-a e é possível que os homens morram, como o toxicômano privado de sua cocaína. Sob o feitiço dessa ilusão, pensei, olhando pela vitrine, metade das pessoas na calçada está caminhando para o trabalho. Eles põem seus chapéus e casacos de manhã sob os raios agradáveis que ela emana. Começam o dia confiantes, animados, acreditando que são desejados no chá da srta. Smith; dizem para si mesmos, quando entram na sala, eu sou superior à metade das pessoas aqui e é por isso que falo com a autoconfiança e a assertividade que tiveram consequências tão profundas sobre a vida pública e levaram a notas tão curiosas, escritas na margem da mente privada.

Mas essas contribuições ao assunto perigoso e fascinante da psicologia do outro sexo – assunto que, eu espero, vocês irão investigar quando tiverem sua própria renda de quinhentas libras por ano – foram interrompidas pela necessidade de pagar a conta. O total foi de cinco xelins e nove centavos. Eu dei uma nota de dez xelins ao garçom e ele foi pegar o meu troco. Havia outra nota de dez xelins na minha bolsa; eu notei, pois isso é um fato que ainda me deixa sem fôlego – o poder da minha bolsa de multiplicar automaticamente notas de dez xelins. Eu a abro e lá estão elas. A sociedade me dá frango e café, cama e abrigo em troca de um número específico de pedaços de papel que me foram deixados pela minha tia pelo simples motivo de eu ter o mesmo nome que ela.

Preciso contar a vocês que a minha tia, Mary Beaton, morreu ao cair do cavalo quando estava tomando ar em Bombaim. A notícia da minha herança chegou certa noite, mais ou menos na época em que passou a lei que permitiu que as mulheres votassem. A carta de um advogado caiu na minha caixa de correio e, quando eu a abri, descobri que minha tia tinha me deixado quinhentas libras por ano para todo o sempre. Dos dois – o voto e o dinheiro –, o dinheiro, confesso, pareceu-me infinitamente mais importante. Antes disso, eu ganhava a vida mendigando trabalhinhos em jornais, fazendo matérias sobre uma feira de burros aqui e um casamento ali; ganhara algumas libras endereçando envelopes, lendo para velhinhas, fazendo flores artificiais, ensinando o alfabeto para crianças pequenas num jardim de infância. Tais eram as principais ocupações abertas às mulheres antes de 1918. Temo que eu não precise descrever a dureza desses trabalhos com mais detalhes, pois vocês talvez conheçam mulheres que os fizeram; nem a dificuldade de viver do dinheiro após ganhá-lo, pois talvez vocês tenham tentado. Mas o que continua me parecendo um castigo ainda pior do que ambas as coisas é o veneno do medo e da amargura que aqueles dias fizeram surgir em mim. Para começar, estar sempre fazendo um trabalho que não se queria fazer, e fazê-lo como um escravo, se derretendo em elogios, talvez não por necessidade, mas porque parecia necessário e o que estava em jogo era importante demais para correr riscos; e, além disso, a ideia daquele único talento, que seria a morte ocultar – um talento pequeno, mas caro para quem o possuía – se esvaindo e, com ele, eu mesma, a minha alma – tudo isso passou a ser como a ferrugem carcomendo as flores da primavera, destruindo o coração da árvore. No entanto, como eu disse, a minha tia morreu; e, sempre que eu troco uma nota de dez xelins, um pouco daquela ferrugem e daquela corrosão desaparece, o medo e a amargura vão embora. Realmente, eu pensei, colocando as moedas dentro da bolsa e lembrando da amargura daqueles dias, é extraordinário a mudança de temperamento causada por uma renda fixa. Nenhuma força na terra pode tirar minhas quinhentas libras de mim. Comida, abrigo e roupas são meus para sempre. Portanto, não apenas cessam o esforço e o trabalho, como também o ódio e a amargura. Eu não preciso odiar homem nenhum: ele não pode me machucar. Não preciso lisonjear homem nenhum; ele não tem nada para me dar. Assim, imperceptivelmente, eu me flagrei adotando um novo comportamento em relação à outra metade da raça humana. Era absurdo culpar qualquer classe ou qualquer sexo como um todo. Grupos enormes de pessoas nunca são responsáveis pelo que fazem. Eles são impelidos por instintos que não estão sob seu controle. Eles também, os patriarcas, os professores, tinham infinitas dificuldades, terríveis problemas contra os quais lutar. Sua educação, sob certos aspectos, fora tão falha quanto a minha. Ela fizera surgir neles defeitos tão grandes quanto os meus. Verdade, eles tinham dinheiro e poder, mas apenas à custa de abrigar no peito uma águia, um abutre, para sempre rasgando seu fígado e bicando seus pulmões – o instinto pela posse, a fúria pelo acúmulo que os leva a desejar perpetuamente os campos e bens das outras pessoas; a criar fronteiras e bandeiras, navios de guerra e gases venenosos; a ofe-

67

recer suas próprias vidas e as vidas dos seus filhos. Caminhem até o Admiralty Arch (eu chegara a esse monumento) ou até qualquer outra avenida dedicada aos troféus e aos canhões e reflitam sobre o tipo de glória celebrada ali. Ou observem, à luz do sol de primavera, o corretor de ações e o grande advogado entrando em algum lugar para ganhar mais e mais e mais dinheiro, quando é um fato que quinhentas libras por ano são suficientes para manter uma pessoa viva no sol. Esses são instintos desagradáveis de se ter, refleti eu. Eles surgem devido às condições de vida; da falta de civilização, pensei, olhando para a estátua do duque de Cambridge e, em particular, para as penas de seu chapéu tricórnio, com uma atenção que elas quase nunca devem ter recebido. E, conforme eu ia me dando conta desses problemas, aos poucos o medo e a amargura se transformaram em pena e tolerância; e, após um ou dois anos, a pena e a tolerância desapareceram e surgiu o maior dos alívios, que é a liberdade para pensar nas coisas em si. Aquele edifício, por exemplo, eu gosto dele ou não? Na minha opinião, aquele livro é bom ou ruim? De fato, a herança da minha tia fez com que o céu se descortinasse para mim e substituiu a figura larga e imponente do homem, que Milton apresentou para minha perpétua adoração,[31] por um panorama do céu aberto.

31 Woolf admirava John Milton, mas o descreveu como "o primeiro dos masculinistas" por sua representação de Eva em *O paraíso perdido*.

Pensando assim, refletindo assim, eu acabei voltando para a minha casa perto do rio. Os postes estavam sendo acesos e uma mudança indescritível ocorrera em Londres desde aquela manhã. Era como se a grande máquina, depois de trabalhar o dia todo, houvesse feito, com a nossa ajuda, alguns metros de algo muito excitante e belo – um tecido cor de fogo flamejando com olhos vermelhos, um monstro laranja rugindo com o hálito quente. Até o vento parecia tremular como uma bandeira, açoitando as casas e sacudindo as cercas.

Na minha ruazinha, no entanto, a domesticidade prevalecia. O pintor de casas estava descendo sua escada; a babá, empurrando o carrinho cuidadosamente até o quarto das crianças, onde seria servido o chá; o entregador de carvão, dobrando seus sacos vazios e colocando-os uns sobre os outros; a mulher que cuida da mercearia, somando os ganhos do dia com as mãos protegidas por luvas vermelhas. Mas eu estava tão absorta pelo problema que vocês colocaram sobre os meus ombros que não consegui nem ver essas cenas habituais sem me lembrar de um cerne específico. Pensei em como é mais difícil agora do que deve ter sido um século atrás dizer quais dessas profissões é mais importante, mais necessária. É melhor ser um entregador de carvão ou uma babá? A faxineira que criou oito filhos tem menos valor para o mundo do que o advogado que ganhou 100 mil libras? É inútil fazer tais perguntas, pois ninguém sabe respondê-las. Não apenas os valores comparativos de faxineiras e advogados aumentam e diminuem a cada década, como não temos

69

trenas com as quais medi-los nem da maneira que estão neste momento. Eu fora tola em pedir que o meu professor me desse "provas inquestionáveis" disso ou daquilo em seu argumento sobre as mulheres. Mesmo que fosse possível afirmar o valor de qualquer talento nesse momento, esses valores irão mudar; daqui a um século, é muito provável que tenham mudado completamente. Além do mais, pensei eu, chegando à minha porta, daqui a cem anos as mulheres terão deixado de ser o sexo protegido. Logicamente, elas tomarão parte em todos os esforços e atividades que já lhe foram negados. A babá carregará carvão. A vendedora da loja será maquinista de trem. Todas as conclusões baseadas nos fatos observados quando as mulheres eram o sexo protegido terão desaparecido – como, por exemplo (aqui, uma esquadra de soldados marchou rua abaixo), que mulheres, clérigos e jardineiros vivem mais do que as outras pessoas. Remova essa proteção, exponha-as aos mesmos esforços e atividades, faça delas soldados, marinheiros, maquinistas e estivadores e por acaso as mulheres não morrerão tão mais jovens, tão mais depressa do que os homens que alguém dirá: "Eu vi uma mulher hoje" da mesma maneira como se costumava dizer "eu vi um avião?" Qualquer coisa pode acontecer quando ser mulher não for mais uma ocupação protegida, pensei eu, abrindo a porta. Mas qual é a relevância disso para o assunto do meu artigo, "As mulheres e a ficção"?, perguntei, entrando em casa.

Capítulo —————————— 3

Era decepcionante não ter voltado no fim do dia com alguma afirmação importante, algum fato autêntico. As mulheres são mais pobres do que os homens porque... isso ou aquilo. Talvez agora fosse melhor desistir de procurar a verdade e ter derramada sobre a cabeça uma avalanche de opiniões quente como a lava e suja como a água da louça. Talvez fosse melhor fechar as cortinas; afastar as distrações; acender o abajur; restringir a pesquisa e pedir ao historiador, que registra não opiniões, mas fatos, que descreva sob que condições as mulheres viviam não em todas as eras, mas na Inglaterra, digamos, no reinado da Elizabeth.[32]

Pois é um enigma eterno o fato de nenhuma mulher ter escrito uma palavra daquela literatura extraordinária quando um em cada dois homens, aparentemente, era capaz de compor canções ou sonetos. Quais eram as condições nas quais as mulheres viviam?, eu me perguntei. Pois a ficção, ou seja, a obra da imaginação, não é largada no chão como um pedregulho, como a ciência pode ser; a ficção é como uma teia de aranha, presa, talvez pelo mais tênue dos fios, mas ainda assim presa à vida pelos quatro cantos. Muitas vezes, o elo quase não é perceptível; as peças de Shakespeare, por exemplo, parecem pairar no ar, sozinhas e completas. Mas quando uma teia é retorcida, puxada na ponta, rasgada no meio, nós nos lembramos que essas teias não são teci-

---

32 Elizabeth I reinou na Inglaterra entre 1558 e 1603.

das no ar por criaturas incorpóreas; elas são obra de seres humanos sofredores e são ligadas a coisas vulgarmente materiais, como saúde, dinheiro e as casas onde moramos.

Eu fui, portanto, até a prateleira onde ficam os livros de história e peguei um dos mais recentes, o *History of England*, do professor Trevelyan.[33] Mais uma vez procurei por mulheres, encontrei "posição das" e abri nas páginas indicadas. "Bater na mulher", li, "era um direito reconhecido do homem, exercitado sem pudor tanto pelos nobres, quanto pelos plebeus [...]. Além disso", continua o historiador, "a filha que se recusava a casar com o homem escolhido pelos pais corria o risco de ser trancafiada, espancada e atirada de um lado para o outro sem causar nenhum choque na opinião pública. O casamento não era uma questão de afeição pessoal, mas de cobiça familiar, principalmente nas classes mais altas, dos 'cavalheiros' [...]. O noivado muitas vezes ocorria quando uma ou ambas as partes estava no berço e o casamento, quando mal haviam deixado a infância." Isso foi em cerca de 1470, logo depois da época de Chaucer.[34] A referência seguinte em relação à posição das mulheres é de cerca de duzentos anos depois, na época dos Stuart.[35] "Ainda era uma exceção

---

33 *History of England* [História da Inglaterra], publicado em 1926 por G.M. Trevelyan.

34 Geoffrey Chaucer (1342/3-1400), escritor inglês da Idade Média mais conhecido por *Os contos da Cantuária*.

35 Dinastia que reinou na Inglaterra de 1603 a 1714.

quando as mulheres das classes média e alta escolhiam seus maridos e, depois que ele era designado, tornava-se o senhor da esposa, ao menos de acordo com a lei e os costumes. Mas, mesmo assim", conclui o professor Trevelyan, "nem as mulheres de Shakespeare nem as de memórias autênticas do século XVII, como as dos Verney e dos Hutchinson,[36] parecem carecer de personalidade e caráter." Certamente, se pararmos para pensar, Cleópatra devia ter um certo charme; Lady Macbeth, pode-se supor, tinha vontade própria; Rosalinda, é possível concluir, era uma moça atraente. O professor Trevelyan está apenas dizendo a verdade quando afirma que as mulheres de Shakespeare não parecem carecer de personalidade e caráter. Não sendo um historiador, eu posso ir mais longe e dizer que as mulheres brilharam como faróis em todas as obras de todos os poetas desde o começo dos tempos – Clitemnestra, Antígona, Cleópatra, Lady Macbeth, Fedra, Créssida, Rosalinda, Desdêmona, a Duquesa de Malfi, para os dramaturgos; e, para os escritores em prosa: Millamant, Clarissa, Becky Sharp, Ana Karênina, Emma Bovary, Madame de Guermantes – os nomes surgem na mente aos borbotões, e não nos fazem lembrar de mulheres que "carecem de personalidade e caráter." Na verdade,

---

36 Trevelyan se refere às *Memoirs of the Verney Family during the Seventeenth Century* [Memórias da família Verney durante o século XVII], organizadas por Frances Parthenope e publicadas entre 1892 e 1899, e às *Memoirs of the Life of Colonel Hutchinson* [Memórias da vida do Coronel Hutchinson], de Lucy Hutchinson, publicadas em 1810.

se a mulher só existisse na ficção escrita pelos homens, ela teria a imagem de uma pessoa da maior importância; muito variada; heroica e mesquinha; esplêndida e sórdida; infinitamente bela e horrenda ao extremo; tão ilustre quanto os homens; alguns dizem que até mais.[37] Mas essa é a mulher na ficção. Na realidade, como o professor Trevelyan menciona, ela era trancafiada, espancada e atirada de um lado para o outro.

Assim, surge um ser muito estranho e heterogêneo. Na imaginação, ela é da maior importância; na prática, completamente insignificante. Ela está presente em todas as páginas da poesia; mas praticamente ausente da

37 "Continua a ser um fato estranho e quase inexplicável que em Atenas, onde as mulheres eram mantidas numa exclusão quase oriental como odaliscas ou lacaias, o palco tenha produzido figuras como Clitemnestra e Cassandra, Atossa e Antígona, Fedra e Medeia, e todas as outras heroínas que dominam tantas peças do 'misógino' Eurípedes. Mas o paradoxo desse mundo, onde na vida real uma mulher respeitável mal podia mostrar o rosto na rua e, no palco, a mulher é igual ou superior ao homem, jamais foi explicado de maneira satisfatória. Na tragédia moderna existe a mesma predominância. De qualquer maneira, um estudo muito superficial da obra de Shakespeare (e também da de Webster, embora o mesmo não ocorra com Marlowe ou Jonson) é suficiente para revelar como esse domínio, essa iniciativa das mulheres, persiste de Rosalinda a Lady Macbeth. É o mesmo em Racine: seis de suas tragédias têm os nomes de suas heroínas; e que personagens masculinos podemos comparar com Hermione e Andrômaca, Berenice e Roxana, Fedra e Atália? E também com Ibsen: que homem se iguala a Solveig e Nora, Hedda e Hilda Wangel e Rebecca West?" *Tragedy* [Tragédia], de F. L. Lucas, pp. 114–15. (N. da A.)

história. Ela domina a vida de reis e conquistadores na ficção; na realidade, era a escrava de qualquer menino cujos pais a forçavam a colocar uma aliança no dedo. Algumas das palavras mais inspiradas, alguns dos pensamentos mais profundos da literatura saem de seus lábios; na vida real ela mal sabia ler, quase não sabia soletrar e era propriedade do marido.

Certamente era um monstro curioso que se construía lendo primeiro os historiadores e depois os poetas – uma minhoca com asas de águia; o espírito da vida e da beleza na cozinha, cortando banha. Mas esses monstros, por mais que divirtam a imaginação, não existem na realidade. O que se deve fazer para dar vida à mulher é pensar de maneira poética e prosaica ao mesmo tempo, não perdendo de vista os fatos – que ela é a sra. Martin, tem trinta e seis anos de idade, está vestida de azul e usa um chapéu preto e sapatos marrons; mas tampouco perdendo de vista a ficção – que ela é um receptáculo no qual espíritos e forças de todos os tipos estão perpetuamente fluindo e reluzindo. No entanto, no instante em que se tenta usar esse método com a mulher elisabetana, um lado da iluminação falha; somos impedidos de prosseguir pela escassez de fatos. Não se sabe nada de detalhado, nada de inteiramente verdadeiro e substancial sobre ela. Os livros de história quase não a mencionam. E eu me voltei de novo para o professor Trevelyan, a fim de ver o que a história significava para ele. Descobri lendo os títulos de seus capítulos: "O tribunal feudal e o sistema de campo aberto... Os cistercienses e a ovinocultura...

As Cruzadas... A Universidade... A Câmara dos Comuns... A Guerra dos Cem Anos... As Guerras das Rosas... Os sábios da Renascença... A dissolução dos monastérios... Conflitos agrários e religiosos... A origem do poder naval inglês... A armada..." e por aí vai. Ocasionalmente uma mulher é mencionada, uma Elizabeth ou uma Mary; uma rainha ou uma grande dama. Mas de maneira alguma uma mulher de classe média que possuísse apenas inteligência e personalidade poderia ter feito parte de qualquer um dos grandes movimentos que, juntos, constituem a visão que o historiador tem do passado. Nós também não a encontraremos em nenhuma coleção de histórias de vidas comuns. Aubrey quase não a menciona.[38] Ela nunca escreve sobre a própria vida e quase nunca tem um diário; o que existe é apenas um punhado de cartas. Ela não deixou peças ou poemas através dos quais podemos julgá-la. O que nós queremos, pensei eu – e por que alguma aluna brilhante de Newnham ou Girton não fornece isso? – é uma grande quantidade de informações; com que idade ela se casava; quantas crianças em geral tinha; como era sua casa, se ela tinha um quarto só para si; se ela cozinhava; ou se era provável que tivesse uma criada. Todos esses fatos, presumivelmente, estão em algum lugar, em registros paroquiais e livros de contabilidade; a vida da mulher elisabetana média deve

---

38 John Aubrey (1626–1697), autor de *Brief Lives* [Vidas breves], uma coletânea de histórias sobre pessoas comuns publicada em 1690.

estar espalhada por aí, e seria possível reuni-la e fazer um livro. Seria ambicioso demais de minha parte, pensei, procurando nas prateleiras livros que não estavam lá, sugerir às alunas dessas famosas faculdades que reescrevessem a história, embora eu admita que ela me parece um pouco estranha, irreal, sem equilíbrio; mas por que elas não podem escrever um suplemento à história, batizando-o, é claro, com algum nome conspícuo, de modo que as mulheres possam ser incluídas sem que isso seja considerado indecente? Pois nós muitas vezes temos um vislumbre delas na vida dos homens ilustres, correndo para o fundo e, eu às vezes penso, ocultando uma piscadela, um riso, talvez uma lágrima. E, afinal de contas, já temos biografias suficientes de Jane Austen; não parece muito necessário considerar mais uma vez a influência das tragédias de Joanna Baillie[39] sobre a poesia de Edgar Allan Poe; quanto a mim, eu não me importaria se as residências e os lugares preferidos de Mary Russell Mitford ficassem fechados para o público durante pelo menos um século. Mas o que considero deplorável, continuei, olhando as prateleiras de novo, é que não se saiba nada sobre as mulheres até o século XVIII. Eu não tenho nenhum modelo em mente para revirar de um lado para o outro. Aqui estou, me perguntando por que as mulheres não escreviam poesia na era elisabetana, sem ter certeza de como elas eram instruídas; se aprendiam a escrever; se tinham salas só para si;

---

39 Joanna Baillie (1762–1851), poeta e dramaturga escocesa.

quantas mulheres tinham filhos antes dos vinte e um anos; o que, em resumo, elas faziam das oito da manhã às oito da noite. Ao que tudo indica, elas não tinham dinheiro; de acordo com o professor Trevelyan, se casavam, quer quisessem ou não, ainda na infância, muito provavelmente aos quinze ou dezesseis anos. Diante disso, teria sido extremamente estranho se uma delas, de repente, houvesse escrito as peças de Shakespeare, concluí eu, e pensei naquele senhor, que já morreu, mas que era bispo, acho, e declarou que era impossível qualquer mulher no passado, no presente ou no futuro ter a genialidade de Shakespeare. Ele escreveu para os jornais a respeito. Ele também disse a uma senhora, que o consultou sobre o assunto, que os gatos, na realidade, não vão para o céu, embora tenham, acrescentou, uma espécie de alma. Como esses senhores costumavam nos poupar de pensar! Como as fronteiras da ignorância se encolhiam quando eles se aproximavam! Os gatos não vão para o céu. As mulheres não podem escrever as peças de Shakespeare.

Seja como for, eu não pude deixar de pensar, enquanto olhava a obra de Shakespeare na prateleira, que o bispo estava certo ao menos nisso: teria sido completa e inteiramente impossível para qualquer mulher escrever as peças de Shakespeare na época de Shakespeare. Deixem-me imaginar, já que é tão difícil obter fatos, o que teria acontecido se Shakespeare tivesse uma irmã maravilhosamente talentosa chamada, digamos, Judith. O próprio Shakespeare frequentou, muito provavelmente (sua mãe herdara

78

algum dinheiro) o ginásio, onde talvez tenha aprendido latim – Ovídio, Virgílio e Horácio – e noções básicas de gramática e de lógica. Ele era, como se sabe, um menino levado que caçava coelhos em terras alheias, talvez tenha até atirado em um cervo, e que precisou, um pouco antes do que deveria, se casar com uma mulher da vizinhança, que teve uma filha um pouco antes do tempo certo. Essa aventura levou-o a tentar fazer fortuna em Londres. Ele, aparentemente, gostava do teatro; começou tomando conta dos cavalos na porta do estabelecimento. Em pouco tempo, conseguiu um trabalho lá dentro, tornou-se um ator bem-sucedido e viveu no cerne daquele universo, sendo apresentado a todos, passando a conhecê-los bem, praticando sua arte no palco, exercitando sua inteligência nas ruas e até mesmo conseguindo acesso ao palácio da rainha. Enquanto isso, sua irmã extraordinariamente talentosa, suponhamos, continuou em casa. Ela era tão aventureira, tão imaginativa, tão louca para ver o mundo quanto ele. Mas não foi para a escola. Não teve chance de aprender gramática e lógica e muito menos de ler Horácio e Virgílio. Pegava um livro de vez em quando, um do irmão, talvez, e lia algumas páginas. Mas então seus pais chegavam e mandavam-na cerzir as meias ou mexer o cozido, e não perder tempo com livros e papéis. Eles diziam isso de maneira ríspida, porém bondosa, pois eram pessoas corretas que conheciam as condições da vida para uma mulher e amavam a filha – na verdade, é provável que ela fosse a menina dos olhos do pai. Judith talvez tenha escrito algumas páginas no sótão às escondidas, mas teve o cuidado de ocultá-las ou queimá-las. Logo, no entanto – quando ainda era adolescente –, foi prometida para o filho do mercador de lã da vizinhança. Ela gritou que considerava o casamento algo odioso e, por isso, foi severamente espancada pelo pai. Então, ele parou de ralhar com ela. Em vez disso, implorou-lhe que não o magoasse, não o envergonhasse naquela questão do casamento. Disse que lhe daria um colar de contas ou uma bela anágua; e havia lágrimas em seus olhos. Como ela podia desobedecê-lo? Como podia partir seu coração? Apenas a força de seu talento a levou a fazê-lo. Ela preparou uma pequena trouxa com os seus pertences, desceu por uma corda numa noite de verão e pegou a estrada para Londres. Ainda não completara dezessete anos. Os pássaros que cantavam nas sebes não eram mais musicais do que ela. Judith tinha a imaginação mais vívida e um talento como o do irmão para a melodia das palavras. Como ele, ela gostava do teatro. Postou-se na porta do estabelecimento; queria ser atriz, disse. Os homens riram na sua cara. O gerente – um homem gordo de beiços grandes – gargalhou. Ele gritou algo sobre poodles dançando e mulheres atuando – nenhuma mulher, disse, jamais poderia ser atriz. Ele insinuou – vocês podem imaginar o quê. Ela não podia estudar sua arte. Será que poderia ao menos jantar numa taverna ou vagar pelas ruas à meia-noite? E, no entanto, seu talento era para a ficção, e ela ansiava por se alimentar abundantemente das vidas dos homens e mulheres e do estudo de seus hábitos. Afinal

– pois Judith era muito jovem, com um rosto estranhamente parecido com o de Shakespeare, o poeta, com os mesmos olhos cinzentos e sobrancelhas arqueadas – Nick Greene, o ator que era gerente da companhia, apiedou-se dela; ela se viu grávida desse senhor e então – quem haverá de medir o ardor e a violência do coração do poeta preso e emaranhado num corpo de mulher? – matou-se numa noite de inverno e está enterrada numa encruzilhada onde agora há um ponto de ônibus perto de Elephant and Castle.

Seria mais ou menos assim que a história se desenrolaria, penso eu, se uma mulher da época de Shakespeare tivesse a genialidade dele. Mas, quanto a mim, concordo com o falecido bispo, se é que bispo ele era – é impensável que qualquer mulher da época de Shakespeare tivesse a genialidade dele. Pois uma genialidade como a de Shakespeare não nasce entre pessoas ignorantes, servis, que labutam. Ela não nasceu na Inglaterra dos saxões e dos bretões. Ela não nasce hoje em dia nas classes trabalhadoras. Como, então, poderia ter nascido nas mulheres, cujo trabalho começava, de acordo com o professor Trevelyan, quase antes de elas deixarem a infância? Mulheres que eram forçadas a realizar esse trabalho por seus pais e presas a ele por todo o poder da lei e dos costumes? No entanto, alguma espécie de genialidade deve ter existido nas classes trabalhadoras. De tempos em tempos, uma Emily Brontë ou um Robert Burns desponta e prova a sua presença. Mas ela certamente nunca foi passada para o papel. Quando, no entanto, nós lemos sobre uma bruxa sendo afogada, uma mulher possuída por demônios, uma mulher sábia vendendo ervas, ou mesmo sobre um homem extraordinário que tinha uma mãe, então acho que estamos na pista de uma romancista perdida, uma poeta reprimida, uma Jane Austen sem voz e sem glória, uma Emily Brontë que arrebentou o crânio nos urzais ou vagou pelas estradas, enlouquecida com a tortura causada por seu talento. Na verdade, eu ousaria dizer que aquele anônimo que escreveu tantos poemas sem assinar muitas vezes era uma mulher. Edward Fitzgerald,[40] eu acho, sugeriu que foi uma mulher quem criou as canções populares e folclóricas, cantando-as para seus filhos e distraindo-se enquanto fiava ou durante as noites longas de inverno.

Isso pode ser verdadeiro ou pode ser falso – quem sabe? – mas o que há de verdadeiro, pareceu-me, revisando a história da irmã de Shakespeare que eu havia criado, é que qualquer mulher nascida com um grande talento no século XVI certamente teria enlouquecido, se matado com um tiro ou acabado em algum casebre solitário nos arredores do vilarejo, meio bruxa, meio sábia, temida e zombada. Pois não é preciso entender muito de psicologia para saber que uma moça bem talentosa que houvesse tentado usar seu talento para a poesia teria sido tão frustrada e impedida pelas outras pessoas, tão torturada e estraçalhada por seus próprios instintos contraditórios, que teria decerto

40 Edward Fitzgerald (1809–1883), poeta e tradutor inglês.

perdido a saúde física e mental. Nenhuma moça poderia ter caminhado até Londres e se postado na porta do teatro e forçado um gerente da companhia a vê-la sem cometer uma violência contra si mesma e sem sofrer uma angústia que talvez seja irracional – pois a castidade pode ser um fetiche inventado por certas sociedades por motivos desconhecidos –, mas que era, ainda assim, inevitável. A castidade tinha então, e tem mesmo agora, uma importância religiosa na vida de uma mulher, e ela se emaranhou tanto aos nervos e instintos que a romper e trazer para a luz do dia exige uma coragem das mais raras. Ter vivido livremente em Londres no século XVI teria significado para uma poeta e dramaturga uma tensão nervosa e um dilema capaz de matá-la. Mesmo se ela tivesse sobrevivido, tudo o que escrevesse seria deturpado e deformado, saindo de uma imaginação esgotada e mórbida. E, sem dúvida, pensei eu, olhando a prateleira onde não há peças escritas por mulheres, as suas obras não teriam sido assinadas. Esse refúgio, certamente, ela teria buscado. Foi o resquício da noção de castidade que ditou o anonimato às mulheres ainda no século XIX. Currer Bell, George Eliot, George Sand,[41] todas vítimas de um conflito interno como provam os seus escritos, tentaram, em vão, se ocultar usando nomes de homens. Assim, prestaram homenagem à convenção que, se

---

41 Pseudônimos das escritoras Charlotte Brontë (1816–1855), Mary Ann Evans (1819–1880) e Amantine Lucile Aurore Dupin (1804–1876).

não implementada pelo outro sexo, foi generosamente encorajada por ele (a maior glória de uma mulher é não ser falada, disse Péricles, ele próprio um homem sobre quem se falava muito), de que a publicidade das mulheres é algo detestável. O anonimato corre em suas veias. O desejo de se ocultar ainda as possui. Mesmo agora, elas ainda não se preocupam tanto com a robustez de sua fama quanto os homens e, em geral, conseguem passar por uma lápide ou um poste sem sentir o desejo irresistível de gravar seu nome neles, como Alf, Bert ou Chas precisam fazer obedecendo a seu instinto, que murmura, quando vê uma mulher bonita passar, ou mesmo um cachorro, *Ce chien est à moi*.[42] Mas, é claro, não precisa ser um cachorro, refleti eu, pensando na praça do Parlamento, na Sieges Allee[43] e em outras avenidas; pode ser um pedaço de terra ou um homem com cabelos negros encaracolados. Uma das grandes vantagens de ser mulher é conseguir passar por uma negra muito bonita sem desejar transformá-la numa inglesa.

42 Esse cão é meu. A frase é uma referência aos *Pensamentos*, de Blaise Pascal: "Esse cão é meu [...]; eis o começo e a imagem da usurpação de toda a Terra."

43 A praça do Parlamento, em frente ao Parlamento, em Londres, e a Sieges Allee (Avenida da Vitória), em Berlim, eram, na época de Woolf, locais repletos de estátuas de figuras históricas. As estátuas da Sieges Allee foram transferidas para outro ponto da cidade pelos nazistas para que uma nova avenida fosse aberta.

Portanto, aquela mulher que nasceu com um talento para a poesia no século XVI era uma mulher infeliz, uma mulher em conflito consigo mesma. Todas as condições da sua vida, todos os seus próprios instintos, eram hostis ao estado de espírito necessário para libertar o que quer que exista no cérebro. Mas qual é o estado de espírito mais propício ao ato da criação?, perguntei eu. Pode-se ter alguma noção sobre o estado que incentiva e torna possível aquela estranha atividade? Nesse momento, eu abri o tomo que continha as tragédias de Shakespeare. Qual era o estado de espírito de Shakespeare, por exemplo, quando ele escreveu *O rei Lear* e *Antônio e Cleópatra*? Certamente, era o estado de espírito mais favorável à poesia que jamais existiu. Mas o próprio Shakespeare não disse nada sobre isso. Nós só sabemos por acaso que ele "nunca riscava uma linha."[44] Nada, na realidade, foi dito pelos próprios artistas sobre seu estado de espírito até, talvez, o século XVIII. Rousseau talvez tenha começado. De qualquer maneira, no século XIX a autoconsciência havia se desenvolvido tanto que se tornara um hábito para os literatos descrever seus espíritos em confissões e autobiografias. Suas biografias também foram escritas e suas cartas, publicadas após sua morte. Portanto, embora não saibamos pelo que Shakespeare passou quando escreveu *O rei Lear*, sabemos pelo que Carlyle passou quando escreveu *História da Revolução Francesa* e pelo que Flaubert passou quando escre-

---

44 Citação de Ben Jonson (1572–1637), dramaturgo inglês contemporâneo de Shakespeare.

veu *Madame Bovary*; e pelo que Keats estava passando quando tentou escrever poesia apesar da proximidade da morte e da indiferença do mundo.

E o que se conclui a partir dessa vasta literatura moderna de confissão e autoanálise é que escrever uma obra genial é quase sempre um feito de prodigiosa dificuldade. Tudo contraria a probabilidade de ela sair da mente do escritor inteira e perfeita. Em geral, as circunstâncias materiais são adversas. Os cães irão latir; as pessoas irão interromper; será preciso ganhar dinheiro; a saúde irá faltar. Além disso, para acentuar todas essas dificuldades e torná-las mais difíceis de suportar, há a notória indiferença do mundo. O mundo não pede às pessoas que escrevam poemas, romances e livros de história; ele não precisa deles. Ele não liga se Flaubert irá encontrar a palavra certa ou se Carlyle irá verificar escrupulosamente este ou aquele fato. Naturalmente, ele não irá pagar por aquilo que não quer. E assim o escritor – Keats, Flaubert, Carlyle –, passa, principalmente nos anos criativos da juventude, por toda sorte de distrações e desencorajamentos. Uma imprecação, um grito de agonia se levanta daqueles livros de análise e confissão. "Grandes poetas mortos em sua tristeza"[45] – esse é o fardo de sua canção. Se qualquer coisa surge apesar de tudo isso, é um milagre, e provavelmente nenhum livro nasce tão inteiro e perfeito quanto foi concebido.

45 Verso do poema "Independência e resolução", de William Wordsworth (1770–1850).

Mas para as mulheres, pensei eu, olhando para as prateleiras vazias, essas dificuldades eram infinitamente mais grandiosas. Em primeiro lugar, ter um quarto só seu, quanto mais um quarto silencioso ou à prova de som, estava fora de questão, a não ser que seus pais fossem excepcionalmente ricos ou muito nobres, até mesmo no começo do século XIX. Já que sua mesada, que dependia da boa vontade de seu pai, só bastava para comprar roupas, ela era privada dos alívios que puderam ser desfrutados até por Keats, Tennyson ou Carlyle, todos homens pobres: de um passeio a pé, de uma breve viagem até a França, da moradia separada que, por mais miserável que fosse, ao menos os protegia das exigências e tiranias de suas famílias. Tais dificuldades materiais eram imensas; mas muito piores eram as imateriais. A indiferença do mundo que Keats, Flaubert e outros homens geniais acharam tão difícil de suportar era, no caso dela, não indiferença, mas hostilidade. O mundo não dizia para ela, como dizia para eles "Escreva se quiser; não faz diferença para mim." O mundo dizia, com uma gargalhada de escárnio, "Escrever? De que adianta você escrever?" Aqui, as psicólogas de Newnham e Girton talvez possam nos ajudar, pensei eu, olhando de novo para os espaços vazios nas prateleiras. Pois certamente já está na hora de alguém medir o efeito do desencorajamento na mente do artista, como eu já vi uma empresa de laticínios medir o efeito do leite comum e do leite tipo A no corpo do rato. Eles colocaram dois ratos em gaiolas lado a lado, e um deles era furtivo, tímido e pequeno, enquanto o outro era lustroso, valente e grande. Bem, que tipo de alimento nós damos às nossas artistas mulheres?, eu perguntei, lembrando, acho, daquele jantar com ameixas e creme. Para responder a essa pergunta, bastava eu abrir o jornal da noite e ler que a opinião de lorde Birkenhead é... mas, realmente, não vou me dar ao trabalho de copiar a opinião de lorde Birkenhead sobre o que as mulheres escrevem. Deixarei em paz aquilo que o deão Inge disse. O especialista da rua Harley[46] pode acordar os ecos da rua Harley com suas vociferações sem erguer um fio de cabelo meu. Mas, no entanto, citarei o sr. Oscar Browning, pois o sr. Oscar Browning foi uma figura importante em Cambridge numa certa época e costumava dar provas para as alunas de Girton e Newnham. O sr. Oscar Browning tinha a propensão de declarar "que a impressão que tinha após olhar qualquer conjunto de provas era que, independentemente das notas que dava, a melhor mulher era intelectualmente inferior ao pior homem." Após dizer isso, o sr. Oscar Browning voltou para os seus aposentos – e é isso que o torna amável e o transforma numa figura humana de certo peso e majestade –; ele voltou para os seus aposentos e encontrou um cavalariço deitado no sofá: "um mero esqueleto, que tinha as faces encovadas e amarelas, os dentes podres e não parecia conseguir se movimentar direito. 'Esse é o Arthur' (disse o sr. Browning). 'Ele é um menino adorável e tem uma mente

46 Rua em Londres onde ficavam consultórios de famosos médicos especialistas.

muito nobre.'"[47] As duas imagens sempre me parecem se completar. E felizmente, nessa era das biografias, as duas imagens de fato se completam, de modo que nós podemos interpretar as opiniões de grandes homens não apenas pelo que eles dizem, mas pelo que fazem.

Mas, embora isso seja possível agora, tais opiniões saindo dos lábios de pessoas importantes deviam ser assustadoras demais até cinquenta anos atrás. Suponhamos que um pai, pelos motivos mais nobres, não quisesse que a filha saísse de casa para se tornar escritora, pintora ou pesquisadora. "Veja o que o sr. Browning disse", diria ele; e não havia apenas o sr. Oscar Browning; havia o *Saturday Review*; havia o sr. Greg – o "essencial da vida de uma mulher", disse o sr. Greg enfaticamente, "é o fato de ela ser sustentada pelos homens e cuidar deles"[48] – havia uma enorme massa de opiniões masculinas dizendo que nada poderia ser esperado das mulheres intelectualmente. Mesmo se o seu pai não lesse essas opiniões em voz alta, qualquer moça poderia lê-las por conta própria; e a leitura, mesmo no século XIX, deve

---

47 Tanto a frase sobre a inferioridade das mulheres quanto o episódio do cavalariço foram relatados numa biografia de Oscar Browning escrita por seu sobrinho, H.E. Wortham, e publicada em 1927 (quatro anos após a morte de Browning). Biógrafos e críticos mais recentes questionam o livro de Wortham que Woolf usou como fonte e afirmam que Browning foi um grande defensor da educação feminina.

48 William Rathbone Greg (1809–1881), ensaísta inglês, num ensaio de 1868 intitulado "Why are Women Redundant?" [Por que as mulheres são redundantes?]

ter diminuído sua vitalidade e afetado profundamente a sua obra. Sempre haveria essa afirmação – você não pode fazer isso, é incapaz de fazer aquilo – contra a qual protestar, à qual superar. Provavelmente, para uma romancista, essa semente que foi plantada não causa mais muito efeito; pois já existiram mulheres romancistas de excelência. Mas, para as pintoras, ela ainda deve machucar; e para as musicistas, imagino, é ainda hoje ativa e venenosa ao extremo. A compositora está onde a atriz estava na época de Shakespeare. Nick Greene, pensei eu, lembrando da história que tinha inventado sobre a irmã de Shakespeare, disse que uma mulher atuando o fazia lembrar de um cachorro dançando. Johnson repetiu a frase duzentos anos depois em referências a mulheres pregando. E aqui, disse eu, abrindo um livro sobre música, temos essas mesmas palavras usadas de novo neste ano da graça de 1928 sobre mulheres que tentam compor música. "De mademoiselle Germaine Tailleferre só podemos repetir a afirmação de dr. Johnson sobre uma mulher que pregava, transposta para a música. 'Senhor, uma mulher compondo é como um cachorro andando nas patas de trás. A coisa não é bem feita, mas você fica surpreso só de vê-la sendo feita.'"[49] Com tamanha exatidão a história se repete.

Assim, concluí eu, fechando a biografia do sr. Oscar Browning e empurrando o resto para longe, está bastante provado que, mesmo no século XIX, a mulher não

---

49 *A Survey of Contemporary Music* [Um exame da música contemporânea], de Cecil Gray, p. 246. (N. da A.)

era incentivada a ser artista. Ao contrário, era esnobada, estapeada, repreendida e persuadida. Sua mente devia ficar exausta e sua vitalidade ser diminuída pela necessidade de se opor a isso, de desmentir aquilo. Pois aqui nós nos aproximamos mais uma vez daquele complexo masculino muito interessante e obscuro que teve tanta influência sobre o movimento feminino: aquele desejo profundo não tanto de que *ela* seja inferior, mas de que *ele* seja superior, que o deixa plantado, para onde quer que se olhe, não apenas diante das artes, mas também barrando o caminho da política, até mesmo quando o risco para ele próprio parece infinitesimal e aquela que suplica parece ser humilde e dedicada. Eu me lembrei que até mesmo lady Bessborough, com toda a sua paixão pela política, teve que se curvar humildemente e escrever para lorde Granville Leveson-Gower: "[...] apesar de toda a minha violência a respeito da política e de eu falar tanto sobre essa questão, concordo perfeitamente que nenhuma mulher deve se envolver nisso ou em qualquer outro assunto sério para além de dar sua opinião (se lhe perguntarem qual é)".[50] E então ela continua a sua carta e passa a demonstrar entusiasmo por algo ao qual não poderia haver nenhuma abjeção: aquele assunto imensamente importante, o primeiro discurso de lorde

50 Henrietta Frances Spencer, condessa de Bessborough (1761–1821) era de uma proeminente família inglesa e se envolveu bastante em política. Ela teve diversos amantes, entre eles o diplomata lorde Granville Leveson-Gower (1773–1846), com quem teve uma filha. Essa carta sua foi incluída num livro com a correspondência de lorde Granville publicado em 1916.

Granville na Câmara dos Comuns. A cena decerto é estranha, pensei eu. A história da oposição dos homens à emancipação das mulheres talvez seja mais interessante do que a história da emancipação em si. Um livro divertido poderia resultar dessa oposição se alguma jovem aluna de Girton ou Newnham reunir exemplos e deduzir uma teoria – mas ela iria precisar usar luvas grossas e se proteger com barras de ouro maciço.

Mas o que é divertido agora, lembrei eu, fechando o livro onde há a carta de lady Bessborough, já precisou ser levado desesperadamente a sério. Opiniões que atualmente colamos num caderno intitulado "baboseiras" e que guardamos para ler para plateias seletas em noites de verão já causaram lágrimas, garanto-lhes. Entre suas avós e bisavós, há muitas que já choraram até secar. Florence Nightingale gritou alto de agonia.[51] Além do mais, é muito fácil para vocês, que conseguiram ir para a faculdade e desfrutam de aposentos – ou serão apenas quartos? – só seus, dizer que o gênio deveria ignorar essas opiniões; que o gênio deveria estar acima do que se diz dele. Por infelicidade, são exatamente os homens e mulheres geniais que se importam mais com que é dito sobre eles. Lembrem-se de Keats. Lembrem-se das palavras que ele mandou gravar em sua lápide.[52]

---

51 Ver "Cassandra", de Florence Nightingale, publicado em *The Cause*, de Rachel Strachey. (N. da A.)

52 O poeta inglês John Keats (1795–1821) mandou que gravassem em sua lápide a frase "Aqui jaz alguém cujo nome foi escrito na água".

Pensem em Tennyson; pensem... mas eu não preciso enumerar exemplos do fato inegável, ainda que lamentável, de que é da natureza do artista se importar demais com o que é dito dele. A literatura está repleta dos destroços de homens que se importaram além do razoável com as opiniões dos outros.

E essa suscetibilidade deles é duplamente lamentável, pensei eu, voltando à minha pergunta original sobre que estado de espírito é mais propício ao trabalho criativo, pois a mente de um artista, para ser capaz de realizar o prodigioso esforço de libertar, inteira e perfeita, a obra que há dentro dele, deve ser incandescente, como a mente de Shakespeare, conjecturei, olhando o livro que estava aberto em *Antônio e Cleópatra*. Não pode haver nenhum obstáculo nela, nenhuma matéria estranha não consumida.

Pois, embora nós digamos que não sabemos nada sobre o estado de espírito de Shakespeare, mesmo enquanto dizemos isso, estamos dizendo algo sobre o estado de espírito de Shakespeare. Talvez o motivo de sabermos tão pouco sobre Shakespeare – em comparação com Donne, Ben Jonson ou Milton – é que seus rancores, invejas e antipatias estão escondidos de nós. Nós não somos impedidos de avançar por alguma "revelação" que nos faz lembrar do escritor. Todo o desejo de protestar, de pregar, de proclamar uma injúria, de revidar uma ofensa, de fazer do mundo testemunha de alguma provação ou queixa foi projetado para fora dele e desapareceu. Assim, sua poesia flui livre e desimpedida. Se algum dia um ser humano expressou sua obra completamente, foi Shakespeare. Se algum dia uma mente foi incandescente, desimpedida, pensei eu, voltando-me de novo para a estante, foi a mente de Shakespeare.

Capítulo ——————————— 4

Obviamente, era impossível encontrar uma mulher com esse estado de espírito no século XVI. Basta pensarmos nas lápides elisabetanas com todas aquelas crianças ajoelhadas de mãos postas; no fato de elas terem morrido tão jovens; e ver as casas com aqueles cômodos escuros e apertados para percebermos que nenhuma mulher poderia ter escrito poesia naquela época. Seria de se esperar que, bem mais tarde, alguma grande dama fosse se aproveitar de sua liberdade e conforto comparativos, publicar algo com o seu nome e arriscar que a considerassem um monstro. Os homens, é claro, não são esnobes, continuei eu, evitando cuidadosamente o "feminismo contumaz" da srta. Rebecca West; mas a maioria vê com simpatia a tentativa de uma condessa escrever versos. Seria de se esperar que uma dama da nobreza fosse receber muito mais encorajamento do que uma desconhecida srta. Austen ou srta. Brontë teria recebido naquela época. Mas também seria de se esperar que sua mente fosse perturbada por emoções alheias como o medo e o ódio, e que seus poemas contivessem vestígios dessa perturbação. Aqui está lady Winchilsea,[53] por exemplo, pensei eu, tirando seus poemas da estante. Ela nasceu no ano de 1661; era nobre de nascença e se casou com um nobre; não teve filhos; escreveu poemas, e basta abrir um livro de poemas

---

53 Anne Finch, condessa de Winchilsea (1661–1720), poeta inglesa.

seus para descobri-la explodindo de indignação devido à posição das mulheres:

> Como decaímos! Decaímos devido às regras erradas,
> E somos tolas, mais por educação do que por natureza;
> Afastadas de tudo o que aprimora a mente,
> Sempre a ser obtusas, previsíveis e calculistas
> E se alguém desejar voar acima do resto,
> Com uma imaginação mais ardente e uma ambição urgente,
> Tão forte ainda parece a facção contrária,
> Que a esperança de florescer nunca pesa mais do que o medo.[54]

Claramente, a mente dela não "consumiu todos os impedimentos e se tornou incandescente", de jeito nenhum. Ao contrário, ela está atormentada e desequilibrada devido a ódios e queixas. Para ela, a raça humana é dividida em duas partes. Os homens são "a facção contrária;" eles são odiados e temidos, pois têm o poder de impedi-la de fazer o que deseja – escrever.

---

54 Trecho do poema "The Introduction" [A introdução], publicado em 1713. No original: "How we are fallen! fallen by mistaken rules, / And Education's more than Nature's fools; / Debarred from all improvements of the mind, / And to be dull, expected and designed; / And if someone would soar above the rest, / With warmer fancy, and ambition pressed, / So strong the opposing faction still appears, / The hopes to thrive can ne'er outweigh the fears."

Ai de nós! Uma mulher que tenta pegar da pena,
É julgada uma criatura tão presunçosa,
Que o defeito por nenhuma virtude é redimido.
Dizem que confundimos nosso sexo e costume;
A polidez, a elegância, a dança, as roupas, o jogo,
São as prendas que deveríamos desejar;
Escrever, ou ler, ou pensar, ou indagar,
Anuviaria nossa beleza e esgotaria o nosso tempo,
E interromperia as conquistas da nossa mocidade.
Enquanto os afazeres enfadonhos de uma casa
servil
São considerados por alguns nossa maior arte
e utilidade.[55]

Na verdade, ela precisa se incentivar a escrever
supondo que aquilo que escreve jamais será publicado;
precisa se consolar com essa triste canção:

Para alguns poucos amigos e para tuas tristezas
canta,
As coroas de louros não são o teu destino;

55 Outro trecho de "The Introduction". No original: "Alas! a woman who attempts the pen, / Such a presumptuous creature is esteemed, / The fault can by no virtue be redeemed. / They tell us we mistake our sex and way; / Good breeding, fashion, dancing, dressing, play, / Are the accomplishments we should desire; / To write, or read, or think, or to enquire, / Would cloud our beauty, and exhaust our time, / And interrupt the conquests of our prime. / Whilst the dull manage of a servile house / Is held by some our utmost art and use."

Que tuas sombras sejam escuras o bastante; e que
lá fiques contente.[56]

No entanto, é evidente que, se lady Winchilsea pudesse ter libertado a mente do ódio e do medo e não a esmigalhado com amargura e ressentimento, nela havia um fogo que ardia forte. De tempos em tempos, surgem versos que são poesia pura:

E nem deseja em sedas pálidas pintar
Esmorecida, a rosa inimitável.[57]

Eles são, com razão, elogiados pelo sr. Murray; e o sr. Pope, acredita-se, lembrou-se e se apropriou destes outros:

Agora o junquilho vence o cérebro frágil;
Nós desmaiamos sob a dor aromática.[58]

56 Outro trecho de "The Introduction". No original: "To some few friends and to thy sorrow sing, / For groves of laurel thou wert never meant; / Be dark enough thy shades, and be thou there content."

57 Trecho do poema "The Spleen" [A depressão], publicado em 1713. No original: "Nor will in fading silks compose, / Faintly the inimitable rose."

58 Trecho do poema "The Spleen" [A depressão]. No original: "Now the jonquille o'ercomes the feeble brain; / We faint beneath the aromatic pain." John Middleton Murry (1889–1957), crítico literário e jornalista inglês que organizou uma coletânea de poemas de lady Winchilsea publicada em 1928. O verso de Pope

É uma grande pena que a mulher que sabia escrever assim, cuja mente estava afinada com a natureza e a reflexão, tenha sido forçada a sentir raiva e amargura. Mas como ela poderia evitar? Eu me perguntei, imaginando o desdém e os risos, a adulação dos bajuladores, o ceticismo do poeta profissional. Ela deve ter se trancado num quarto de uma casa de campo para escrever e, talvez, ter sido estraçalhada pela amargura e pelos escrúpulos, embora seu marido tenha sido dos mais bondosos e sua vida de casada fosse perfeita. Ela "deve ter", digo eu, porque quando se procura saber fatos sobre lady Winchilsea, descobre-se, como de costume, que quase nada é conhecido. Ela sofria terrivelmente de melancolia, o que nós podemos entender ao menos em parte quando a ouvimos contando como, ao ser dominada pelo sentimento, imaginava:

Meus versos aviltados e minha ocupação julgada
Uma tolice vã ou um erro presunçoso.[59]

A ocupação censurada dessa maneira era, até onde é possível saber, a inofensiva atividade de passear pelos campos e sonhar:

---

que alguns críticos dizem ter sido inspirado por lady Winchilsea é "Die of a rose in aromatic pain" [Morrer de uma rosa em dor aromática], do poema "Ensaio sobre o homem."

59 Trecho do poema "The Spleen" [A depressão]. No original: "My lines decried, and my employment thought / An useless folly, or presumptuous fault."

Minha mão se deleita em traçar o invulgar,
E se desvia do caminho conhecido
E nem deseja em sedas pálidas pintar
Esmorecida, a rosa inimitável.[60]

Naturalmente, se esse era o seu hábito e o seu deleite, lady Winchilsea só podia esperar que rissem dela; e, por conseguinte, dizem que Pope ou Gay a descreveu satiricamente como "uma sabichona com perfumes literários."[61] Além disso, contam que ela ofendeu Gay, rindo dele. Disse que seu poema "Trivia" mostrava que "ele era mais apto a carregar uma liteira do que a andar em uma." Mas tudo isso são "boatos duvidosos" e, de acordo com o sr. Murry, "desinteressantes." Mas nisso eu não concordo com ele, pois gostaria de ter um número maior até de boatos duvidosos para poder descobrir ou imaginar alguma imagem dessa senhora melancólica que amava vagar pelos campos e pensar em coisas invulgares e que desprezava, de maneira tão impensada e imprudente, "os afazeres enfadonhos de uma casa servil." Mas ela se tornou difusa, diz o sr. Murry. As ervas-daninhas cresceram e as sarças cobriram o seu talento. Ele não teve a chance de se mostrar com sua beleza e distinção natural.

---

60 Trecho do poema "The Spleen" [A depressão]. No original: "My hand delights to trace unusual things, / And deviates from the known and common way, / Nor will in fading silks compose, / Faintly the inimitable rose."

61 John Gay (1685–1732), poeta e dramaturgo inglês. Essa citação foi extraída da introdução de John Murry à coletânea de lady Winchilsea.

E assim, colocando-a de volta na prateleira, eu me voltei para aquela outra grande dama, a duquesa que Lamb amava, a doidivanas e excêntrica Margaret Cavendish, duquesa de Newcastle,[62] mais velha do que ela, mas sua contemporânea. Elas eram muito diferentes, mas tinham diversos aspectos em comum – ambas eram nobres, não tiveram filhos e se casaram com os melhores dos maridos. Em ambas, ardia a mesma paixão pela poesia e ambas foram desfiguradas e deformadas pelos mesmos motivos. Ao abrir um livro da duquesa, encontramos a mesma explosão de fúria: "As mulheres vivem como morcegos ou corujas, trabalham como animais de carga e morrem como vermes..." Margaret também poderia ter sido poeta; em nossa época, toda aquela atividade teria feito girar alguma espécie de roda. Mas, na realidade, o que teria sido capaz de prender, domesticar ou civilizar para uso humano aquela inteligência selvagem, generosa e rude? Ela jorrou atabalhoadamente, em torrentes de verso e prosa, poesia e filosofia que agora estão congeladas em velhos manuscritos que ninguém nunca lê. Alguém deveria ter lhe colocado um microscópico nas mãos. Alguém deveria ter lhe ensinado a olhar as estrelas e a raciocinar cientificamente. Ela perdeu o juízo devido à solidão e à liberdade. Ninguém a conteve. Ninguém lhe ensinou nada. Os professores a adulavam. Na corte, riam dela com escárnio.

---

62 Margaret Lucas Cavendish, duquesa de Newcastle (1623–1673) foi poeta, dramaturga, ensaísta, filósofa e cientista.

Sir Egerton Brydges[63] reclamou de sua vulgaridade, "considerando-se que vinha de uma mulher de alta posição criada nas cortes." Ela foi viver sozinha em Welbeck.[64]

Que imagem de solidão e tumulto surge na mente quando se pensa em Margaret Cavendish! Como se algum pé de pepino gigante houvesse se espalhado por cima de todas as rosas e de todos os cravos do jardim e os estrangulado até a morte. Que desperdício que a mulher que escreveu "as mulheres mais educadas são aquelas que têm as mentes mais corteses" tenha gastado seu tempo escrevendo coisas sem sentido e mergulhado cada vez mais na obscuridade e na loucura, até chegar ao ponto em que as pessoas cercavam sua carruagem quando ela saía. É claro que a duquesa louca se tornou um bicho-papão usado para assustar meninas inteligentes. Guardando a duquesa e abrindo as cartas de Dorothy Osborne, encontrei Dorothy escrevendo para Temple sobre o livro novo da duquesa: "Está claro que a pobre mulher é um pouco perturbada, se não fosse, ela não seria ridícula a ponto de ter o atrevimento de escrever livros, e ainda em versos, se eu passasse duas semanas sem dormir não chegaria a isso."[65]

---

63 Samuel Egerton Brydges (1762–1837), escritor e editor inglês que organizou diversas edições de textos raros do período elisabetano e do século XVII.

64 Abadia de Welbeck, propriedade da família de Margaret Cavendish.

65 Dorothy Osbourne (1627–1695) foi casada com sir William Temple (1628–1699), um estadista e ensaísta inglês.

E então, como nenhuma mulher que tivesse bom senso e modéstia poderia escrever livros, Dorothy, que era sensível e melancólica, com o temperamento oposto ao da duquesa, não escreveu nada. Cartas não contavam. Uma mulher podia escrever cartas sentada na cabeceira da cama onde seu pai doente estava. Podia escrevê-las perto do fogo enquanto os homens conversavam, sem incomodá-los. O estranho, pensei eu, virando as páginas das cartas de Dorothy, é que talento essa menina não instruída e solitária tinha para fazer uma frase, para pintar uma cena. Ouçam-na falar:

Após o jantar nós sentamos e conversamos até o senhor B. ser citado e então eu me fui. O calor do dia passa-se lendo ou costurando e lá pelas seis ou sete eu vou até um pasto aberto que fica perto da casa, onde muitas moças vêm pastar suas ovelhas e vacas e sentam na sombra cantando canções; eu vou para perto delas e comparo suas vozes e belezas com as de uma pastora antiga sobre quem li e encontro uma grande diferença, mas acredite, acho que essas são tão inocentes quando se pode ser. Eu converso com elas e vejo que para serem as pessoas mais felizes do mundo, basta que saibam que o são. É muito comum que quando estamos no meio da nossa conversa uma olhe para o lado e veja sua vaca entrando no milharal, então todas saem correndo como se tivessem os pés alados. Eu que não sou tão ágil fico para trás e quando vejo as pastoras levando o gado para casa penso que está na hora de me retirar também. Após a ceia, vou para o jardim e costuro ao lado de um riacho que corre perto dele onde me sento e sinto saudades de ti...

Seria possível jurar que Dorothy tinha vocação para escritora. Mas "se eu passasse duas semanas sem dormir não chegaria a isso": é possível medir a oposição que havia no ar às mulheres escreverem quando se descobre que até uma que tinha jeito para a arte foi levada a acreditar que escrever um livro era ser ridícula e até mostrar-se perturbada. E assim chegamos, continuei eu, devolvendo para a prateleira o pequeno livro que contém todas as cartas de Dorothy Osborne, à sra. Behn.[66]

E, com a sra. Behn, nós dobramos uma curva muito importante na estrada. Deixamos para trás, trancadas em suas imensas propriedades, atrás de seus manuscritos, aquelas grandes damas solitárias que escreveram sem plateia ou crítica, apenas para o seu próprio deleite. Vamos para a cidade e nos misturamos às pessoas comuns nas ruas. A sra. Behn era uma mulher de classe média com virtudes plebeias como hu-

---

[66] Aphra Behn (1640?-1689) é considerada a primeira mulher a ganhar a vida como escritora profissional na Inglaterra. Ela escreveu peças de grande sucesso, além de poemas e romances. Antes de se tornar escritora, chegou a trabalhar como espiã para o rei inglês Charles II. Vita Sackville-West, amiga e amante de Virginia Woolf, publicou uma biografia de Behn em 1927.

mor, vitalidade e coragem; uma mulher forçada pela morte do marido e por alguns infortúnios pelos quais ela própria passou a ganhar a vida usando sua inteligência. Ela precisou trabalhar em pé de igualdade com os homens. Trabalhando muito duro, conseguiu ganhar o suficiente para se sustentar. A importância desse fato pesa mais do que qualquer coisa que escreveu, até mesmo o esplêndido "Mil mártires eu causei" ou "Estava o amor em fantástico triunfo,"[67] pois aqui começa a liberdade da mente, ou melhor, a possibilidade de que, com o tempo, a mente estará livre para escrever o que deseja. Pois, depois que Aphra Behn já o fizera, as moças puderam dizer para os pais: "Vocês não precisam me dar uma mesada; eu posso ganhar dinheiro com a minha pena." É claro que a resposta durante muitos anos foi "Sim, se levar uma vida como a de Aphra Behn! A morte seria melhor." E a porta se fechava com mais força do que nunca. Aquele assunto profundamente interessante, ou seja, o valor que os homens dão à castidade das mulheres e seu efeito sobre a educação delas, aqui se apresenta para discussão, e poderá dar um livro interessante se alguma aluna de Girton ou Newnham desejar abordar a questão. Lady Dudley, coberta de diamantes em meio às moscas de um urzal escocês, pode servir de frontispício. Lorde Dudley, disse o *Times* quando lady Dudley morreu no outro dia, "era um homem de gostos refinados

---

67 Versos dos poemas "The Libertine" [O libertino] e "Song" [Canção], de Aphra Behn.

e muitas realizações, benevolente e generoso, porém curiosamente despótico. Ele insistia que a esposa usasse um vestido de gala mesmo na mais remota cabana de caça das Terras Altas; ele a cobria de joias magníficas," e por aí vai. "[...] dava-lhe tudo – exceto qualquer tipo de responsabilidade." Então, lorde Dudley teve um derrame e lady Dudley cuidou dele e administrou suas propriedades com competência suprema até o fim da vida. E esse despotismo curioso aconteceu no século XIX.[68]

Mas, voltando. Aphra Behn provou que era possível ganhar dinheiro escrevendo, mediante, talvez, o sacrifício de certas qualidades agradáveis; e então, aos poucos, escrever passou a ser não apenas um sinal de loucura e de uma mente perturbada, mas a ter importância prática. Um marido podia morrer, ou algum desastre se abater sobre a família. Conforme o século XVIII avançava, centenas de mulheres começaram a aumentar sua renda ou a salvar suas famílias fazendo traduções ou escrevendo os inúmeros romances ruins que deixaram de ter seus títulos registrados até mesmo nos livros de escola, mas que podem ser comprados por quatro centavos nos sebos da Charing Cross Road. A extrema atividade mental que as mulheres demonstraram no final do século XVIII – as conversas, as

---

68 Georgina Elisabeth Ward, a Condessa de Dudley (1846–1929), casou-se aos dezessete anos com um homem trinta anos mais velho. Lady Dudley não apenas passou a cuidar das propriedades do marido após ele ter um derrame em 1874 como, após sua morte em 1885, trabalhou em diversos hospitais de caridade e na Cruz Vermelha durante a Primeira Guerra Mundial.

reuniões, a escrita de ensaios sobre Shakespeare, a tradução de clássicos – foi fundada no fato sólido de que elas podiam ganhar dinheiro escrevendo. O dinheiro dá dignidade àquilo que é frívolo quando não é pago. É provável que ainda se desdenhasse de "sabichonas com perfumes literários", mas não se podia negar que elas colocavam dinheiro na bolsa. Assim, no final do século XVIII, ocorreu uma mudança que, se eu estivesse reescrevendo a história, descreveria de maneira mais completa e consideraria de maior importância do que as Cruzadas ou as Guerras das Rosas.

A mulher de classe média começou a escrever. Pois, se *Orgulho e preconceito* importa e *Middlemarch*, *Villette* e *O morro dos ventos uivantes* importam, então é muito mais relevante do que conseguirei provar ao longo de uma hora de fala que as mulheres em geral, e não apenas a aristocrata solitária trancada em sua casa de campo entre seus manuscritos e seus aduladores, passassem a escrever. Sem essas pioneiras, Jane Austen, as irmãs Brontë e George Eliot não teriam conseguido escrever, assim como Shakespeare não teria conseguido escrever sem Marlowe, ou Marlowe sem Chaucer, ou Chaucer sem aqueles poetas esquecidos que abriram os caminhos e domaram a selvageria natural da língua. Pois as obras-primas não nascem únicas e solitárias; elas são o resultado de muitos anos de um pensamento comum, do pensamento das pessoas em geral, de modo que a experiência da massa está por trás da voz do indivíduo. Jane Austen deveria ter colocado uma coroa de flores na lápide de Fanny Burney e George

Eliot, prestado homenagem à sombra robusta de Eliza Carter[69] – aquela velha valente que atou um sino à cabeceira da cama para poder acordar cedo e aprender grego. Todas as mulheres juntas deveriam jogar flores no túmulo de Aphra Behn, que fica, de maneira escandalosa, porém apropriada, na Abadia de Westminster, pois foi ela que conseguiu para todas o direito de dizerem o que pensam. Foi ela – por mais ardilosa e erótica que tenha sido – que fez com que não fosse tão absurdo eu dizer para vocês esta noite: ganhem quinhentas libras por ano com a sua inteligência.

Nesse ponto, portanto, nós chegamos ao começo do século XIX. E aqui, pela primeira vez, eu encontrei diversas prateleiras completamente dedicadas às obras das mulheres. Mas por que, eu não pude deixar de perguntar, enquanto passava os olhos por esses livros, eles eram, com pouquíssimas exceções, todos romances? O impulso original foi pela poesia. A "origem suprema da canção" era uma poeta.[70] Tanto na França quanto na Inglaterra, as poetas surgiram antes das romancistas. Além do mais, pensei eu, olhando os quatro nomes famosos, o que George Eliot tinha em comum com Emily Brontë? Por acaso Charlotte Brontë não se revelou um fracasso completo em compreender Jane Austen? A não ser pelo fato possivelmente relevante de que nenhuma teve filhos, seria impossível imagi-

---

69 Elizabeth Carter (1717–1806), poeta e tradutora inglesa.

70 Verso do poema "Ave Atque Vale", de A.C. Swinburne (1837–1909). Swinburne está se referindo à poeta grega Safo.

nar quatro personalidades mais incongruentes – tanto que é tentador inventar um encontro e um diálogo entre elas. No entanto, quando essas quatro mulheres escreveram, elas foram impelidas por alguma força estranha a escrever romances. Será que teve algo a ver com o fato de serem de classe média, perguntei eu; e com o fato, demonstrado mais tarde de maneira tão impressionante pela srta. Emily Davies, de que a família de classe média no começo do século XIX possuía apenas uma sala de estar para todos os membros? Se uma mulher escrevia, ela precisava escrever na sala de estar comum. E, como reclamaria com tanta veemência a srta. Nightingale – "as mulheres nunca têm meia hora [...] apenas para si mesmas"[71] – elas eram sempre interrompidas. De qualquer maneira, teria sido mais fácil escrever prosa e ficção naquela sala do que escrever poesia ou uma peça. É preciso menos concentração. Jane Austen trabalhou assim até o fim de seus dias. "Que ela tenha conseguido realizar tudo isso", escreveu seu sobrinho em sua biografia, "é surpreendente, pois não tinha um escritório separado para onde ir e na maioria das vezes deve ter trabalhado na sala de estar comum, sujeita a toda sorte de interrupções casuais. Ela tomava cuidado para que nenhum criado, visita ou qualquer pessoa que não fosse da família desconfiasse do que

---

71 Florence Nightingale (1820–1910), enfermeira inglesa fundamental para a profissionalização de sua carreira. A citação é de "Cassandra", um ensaio no qual ela ataca a estrutura familiar vitoriana.

estava fazendo."[72] Jane Austen escondia seus manuscritos ou os cobria com papel mata-borrão. Mas, por outro lado, toda educação literária que uma mulher tinha no começo do século XIX era a observação dos personagens, a análise das emoções. A sensibilidade dela fora educada ao longo de séculos pelas influências da sala de estar comum. Os sentimentos das pessoas causavam-lhe impressões; as relações entre elas estavam sempre diante dos seus olhos. Portanto, quando a mulher de classe média começou a escrever, ela naturalmente escreveu romances, embora, como parece bastante evidente, duas das quatro mulheres citadas aqui não fossem romancistas por natureza. Emily Brontë deveria ter escrito peças poéticas; o transbordamento da mente vasta de George Eliot deveria ter se espalhado, depois que o impulso criativo estivesse esgotado, em livros de história ou biografias. Elas, no entanto, escreveram romances; pode-se até ir mais longe, disse eu, tirando *Orgulho e preconceito* da prateleira, e dizer que escreveram bons romances. Sem nos gabarmos ou magoarmos o sexo oposto, podemos dizer que *Orgulho e preconceito* é um bom livro. Pelo menos, eu não teria sentido vergonha de ser flagrada escrevendo *Orgulho e preconceito*. No entanto, Jane Austen gostava do fato de uma dobradiça da porta ranger, pois assim podia esconder seu manuscrito antes de alguém entrar. Para Jane Austen, havia algo de

---

72 *Uma memória de Jane Austen*, de seu sobrinho, James Edward Austen-Leigh. (N. da A.)

desonroso em escrever *Orgulho e preconceito*. E, eu me perguntei, teria *Orgulho e preconceito* sido um romance melhor se Jane Austen não tivesse considerado necessário esconder seu manuscrito das visitas? Li uma ou duas páginas para ver, mas não encontrei nenhum indício de que suas circunstâncias houvessem causado o menor dano à sua obra. Esse, talvez, seja o maior milagre dela. Aqui estava uma mulher lá pelo ano de 1800 escrevendo sem ódio, sem amargura, sem medo, sem protestar, sem pregar. Era assim que Shakespeare escrevia, pensei eu, olhando para *Antônio e Cleópatra*; e quando as pessoas comparam Shakespeare e Jane Austen, talvez queiram dizer que as mentes de ambos haviam consumido todos os impedimentos; e, por esse motivo, não conhecemos Jane Austen e não conhecemos Shakespeare, e, por esse motivo, Jane Austen impregna cada palavra que escreveu, assim como Shakespeare. Se Jane Austen sofreu de alguma maneira com suas circunstâncias, foi na estreiteza da vida que lhe foi imposta. Era impossível para uma mulher sair sozinha. Ela nunca viajou; nunca passeou por Londres de ônibus ou almoçou num restaurante sozinha. Mas talvez fosse a natureza de Jane Austen não desejar o que não tinha. Seu talento e suas circunstâncias se combinaram perfeitamente. Mas duvido que o mesmo tenha ocorrido com Charlotte Brontë, disse eu, abrindo *Jane Eyre* e deixando *Orgulho e preconceito* de lado.

Abri-o no capítulo 12 e a frase "Quem quiser que me critique" chamou a minha atenção. Pelo que estavam criticando Charlotte Brontë? Eu me perguntei. E li sobre como Jane Eyre costumava subir no telhado enquanto a sra. Fairfax fazia geleia e olhava os campos e o horizonte além. E então ansiava por – e era por isso que a criticavam:

"[...] eu ansiava por um poder de visão que me fizesse transpor tais limites. Um poder que me permitisse alcançar o mundo agitado, as cidades, regiões cheias de vida das quais ouvira falar, mas que nunca vira. E então desejava ter uma experiência diferente daquela que vivia, mais própria a meu jeito de ser, ansiosa que era por conhecer uma variedade de pessoas, e que ali estava fora do meu alcance. Eu valorizava o que havia de bom na sra. Fairfax e na querida Adèle, mas acreditava na existência de outros tipos de bondade, mais vivazes, e era isso que ansiava por conhecer.

"Quem poderá me culpar? Muitos, não duvido, que me classificarão de inquieta. Mas eu não podia evitar. A inquietação era parte da minha natureza. Às vezes, aquilo me agitava por dentro, a ponto de doer [...]

"É inútil dizer que os seres humanos deveriam satisfazer-se com uma vida tranquila. Eles precisam de ação. E se não a encontrarem, irão fazê-la acontecer. Milhões estão condenados a um destino ainda mais inerte do que era o meu, e milhões sentem uma revolta silenciosa contra esse destino. Ninguém sabe quantas rebeliões [...] fermentam no peito das pessoas. Espera-se das mulheres que sejam calmas. Mas elas são como os homens. Precisam exercitar suas faculdades, necessitam de um campo para expandir seus esforços, assim como seus irmãos. Sofrem com as rígidas restrições, a estagnação absoluta, tanto quanto os homens sofreriam. E é tacanho por parte desses seres mais privilegiados dizer que elas devem se limitar a fazer pudins e a tecer meias, a tocar piano e a bordar bolsas. É insensato condená-las, ou rir delas, quando buscam fazer ou aprender coisas novas, além do que os costumes determinam que é o ideal para o seu sexo.

"Nesses meus momentos de solidão, às vezes eu ouvia a risada de Grace Poole [...]"[73]

Essa é uma interrupção inábil, pensei eu. É desconcertante chegar a Grace Poole tão de repente. A continuidade é perturbada. Talvez seja possível dizer, prossegui, colocando o livro ao lado de *Orgulho e preconceito*, que a mulher que escreveu essas páginas tinha mais genialidade do que Jane Austen; mas se alguém as lê e repara nessa guinada, nessa indignação, vê que ela jamais expressará essa genialidade de maneira inteira e perfeita. Seus livros serão deturpados e deformados. Ela escreverá com fúria quando deveria escrever com tranquilidade. Escreverá de maneira tola quando deveria escrever de maneira sábia. Escreverá sobre si mesma quando deveria escrever sobre os seus perso-

---

73 Tradução de Heloisa Seixas.

nagens. Está em conflito com o seu destino. Como podia não morrer jovem, estagnada e frustrada?

É impossível não imaginarmos, por um momento, o que teria acontecido se Charlotte Brontë houvesse possuído, digamos, trezentas libras por ano – mas ela cometeu a tolice de vender os direitos de seus romances por mil e quinhentas libras. Se houvesse conhecido melhor o mundo agitado, as cidades, as regiões cheias de vida; se houvesse vivido uma experiência diferente daquela que vivia, mais apropriada a seu jeito de ser, e conhecido uma variedade de pessoas. Com suas palavras, ela define exatamente não apenas os seus defeitos como romancista, mas os defeitos das pessoas do seu sexo na época. Ela sabia, melhor do que ninguém, o proveito enorme que sua genialidade teria tirado se não houvesse sido desperdiçada em contemplações solitárias dos campos além; se a experiência, o conhecimento das pessoas e as viagens lhe houvessem sido permitidas. Mas não foram; foram proibidas; e nós precisamos aceitar o fato de que todos esses bons romances, *Villette, Emma, O morro dos ventos uivantes, Middlemarch*, foram escritos por mulheres sem uma maior experiência de vida do que aquela que podia entrar na residência de um pároco respeitável; e, além disso, escritos na sala de estar comum daquela casa respeitável, e por mulheres tão pobres que não podiam comprar mais do que algumas resmas de papel por vez para escrever *O morro dos ventos uivantes* ou *Jane Eyre*. É verdade que uma delas – George Eliot – conseguiu escapar após muitas atribulações, mas apenas para uma casa

114

isolada em St. John's Wood.[74] E lá, viveu à sombra da desaprovação do mundo. "Gostaria que todos soubessem", escreveu ela, "que eu jamais convidaria alguém para vir me ver se a pessoa não tiver pedido pelo convite."[75] Pois por acaso ela não estava vivendo em pecado com um homem casado? E será que vê-la não causaria algum mal à castidade da srta. Smith ou de quem quer que estivesse fazendo a visita? É preciso se submeter às convenções sociais e "ser afastada daquilo que se chama de o mundo."[76] Ao mesmo tempo, do outro lado da Europa, havia um jovem rapaz vivendo livremente com essa cigana ou com aquela grande dama; indo para a guerra; absorvendo, sem impedimentos e sem censura, toda aquela experiência variada da vida humana que mais tarde lhe seriam tão esplendidamente úteis quando ele fosse escrever seus livros. Se Tolstói vivesse isolado na The Priory com uma mulher casada, "afastado daquilo que se chama de o mundo", por mais edificante que fosse a lição moral, ele, pensei eu, não teria sido capaz de escrever *Guerra e paz*.

Mas talvez seja possível examinar com um pouco mais de profundidade a questão do ato de escrever ro-

---

74 Desde 1854, Mary Ann Evans (conhecida pelo pseudônimo masculino George Eliot) viveu com George Lewes, um jornalista e crítico literário que era casado. Em 1863, eles compraram uma casa chamada The Priory em St. John's Wood, um bairro afastado de Londres. A união deles durou até a morte de Lewes em 1878.

75 Eliot escreveu numa carta de 1857.

76 Eliot, em carta de 1861.

mances e do efeito que o sexo do romancista tem sobre ele ou ela. Se nós fecharmos os olhos e pensarmos no romance como um todo, ele passa a impressão de ser o reflexo da vida num espelho, embora, é claro, com inúmeras simplificações e distorções. De qualquer maneira, o romance é uma estrutura que deixa um formato na mente, construído ora como uma praça, ora como um pagode chinês, ora em alas e arcadas, ora solidamente compacto e contendo uma cúpula como a Catedral de Santa Sofia em Constantinopla. Esse formato, pensei eu, me lembrando de certos romances famosos, faz nascer em nós o tipo de emoção apropriada a ele. Mas essa emoção imediatamente se mistura a outras, pois o "formato" não é construído através da relação de pedra com pedra, mas da relação de ser humano com ser humano. Assim, um romance faz nascer em nós toda sorte de emoções antagônicas e contraditórias. A vida entra em conflito com algo que não é a vida. Daí vem a dificuldade de se chegar a qualquer consenso sobre os romances e a imensa influência que nossos preconceitos particulares têm sobre nós. Por um lado, nós sentimos que você – John, o herói – precisa viver, ou eu entrarei no mais profundo desespero. Por outro, sentimos que, infelizmente, John, você precisa morrer, pois o formato do livro assim exige. A vida entra em conflito com algo que não é a vida. Então, como isso em parte é vida, nós o julgamos como se fosse a vida. James é o tipo de homem que eu preciso detestar, dizemos. Ou, isso é uma barafunda absurda. Eu própria jamais conseguiria sentir algo assim. Se lembrarmos de qualquer romance famoso, fica óbvio que toda a estrutura tem uma complexidade infinita, pois é composta por tantos critérios diferentes, tantos tipos diferentes de emoção. O espantoso é que qualquer livro criado dessa maneira mantenha a coerência durante mais de um ou dois anos e possa significar o mesmo para o leitor inglês que para o leitor russo ou o chinês. Mas esses livros, ocasionalmente, de fato mantêm uma coerência extraordinária. E o que os faz manter a coerência nesses raros exemplos de sobrevivência (eu estava pensando em *Guerra e paz*) é algo que chamamos de integridade, embora nada tenha a ver com pagar as contas ou se comportar de maneira nobre numa emergência. O que queremos dizer com integridade, no caso do romancista, é a convicção que ele nos passa de aquilo ser a verdade. Sim, nós sentimos, eu jamais pensaria que seria assim; nunca conheci pessoas que se comportassem dessa maneira. Mas você me convenceu de que é assim, que isso acontece. Nós expomos cada frase, cada cena à luz conforme lemos – pois a natureza, estranhamente, parece ter nos dado uma luz interna com a qual julgar a integridade ou falta de integridade do romancista. Ou talvez essa natureza, em seu estado mais irracional, tenha traçado com tinta invisível nas paredes da mente uma premonição que esses grandes artistas confirmam; um desenho que precisa apenas ser exposto ao fogo da genialidade para se tornar visível. Quando nós o expomos e o vemos ganhar vida, exclamamos, extasiados, "mas isso é o que eu sempre senti e soube e desejei!" E transbordamos de excitação e, fechando o livro com uma espécie de reverência, como se ele fosse um objeto muito precioso, um esteio ao qual retornar ao longo de toda a vida, o colocamos de volta na prateleira, disse eu, pegando *Guerra e paz* e devolvendo-o ao seu lugar. Se, por outro lado, essas pobres frases que nós apanhamos e testamos primeiro fazem surgir uma reação rápida e forte com sua cor vívida e seus gestos largos, mas então param aí, pois algo parece impedir seu desenvolvimento; ou, se elas trazem à vista apenas um rabisco apagado naquele canto e uma mancha ali no outro, e nada aparece inteiro e perfeito, então nós damos um suspiro de decepção e dizemos "outro fracasso. Aconteceu um desastre em algum ponto desse romance."

E é claro que acontece um desastre em algum ponto da maioria dos romances. A imaginação vacila sob o enorme esforço. A visão interna se confunde; não consegue mais diferenciar o verdadeiro do falso, não tem mais a força para seguir com o imenso trabalho que exige o uso de tantas faculdades a cada instante. Mas como tudo isso seria afetado pelo sexo do romancista, eu me perguntei, olhando para *Jane Eyre* e para os outros. Será que o fato de seu sexo interferiria de alguma maneira com a integridade de uma romancista mulher – essa integridade que eu considero a espinha dorsal do escritor? Nos trechos de *Jane Eyre* que citei, está claro que a raiva estava perturbando a integridade de Charlotte Brontë, a romancista. Ela deixou a história, a quem devia toda a sua dedicação, para cuidar de uma queixa pessoal. Lembrou-se que não havia recebido o quinhão de experiência que era seu por direito – fora obrigada a ficar estagnada cerzindo meias numa casa paroquial quando queria vagar livremente pelo mundo. Sua imaginação deu uma guinada para a indignação, e nós percebemos isso. Mas havia muitas outras influências além da raiva puxando sua imaginação e desviando-a do seu caminho. A ignorância, por exemplo. O retrato de Rochester[77] é feito no escuro. Nós sentimos a influência do medo sobre ele. Assim como constantemente sentimos uma acidez que é resultado da opressão, um sofrimento enterrado ardendo sob a paixão dela, um rancor que faz com que esses livros, por mais esplêndidos que sejam, se contraiam com um espasmo de dor.

E como o romance tem essa correspondência com a vida real, seus valores são, até certo ponto, os valores da vida real. Mas é óbvio que os valores das mulheres com muita frequência são diferentes dos valores construídos pelo outro sexo; é natural que seja assim. No entanto, são os valores masculinos que prevalecem. Grosso modo, o futebol e os outros esportes são "importantes"; e a idolatria pela moda, o ato de comprar roupas, são "triviais". E esses valores são inevitavelmente transferidos da vida para a ficção. Esse é um livro importante, presume o crítico, porque ele fala de guerra. Esse é um livro insignificante porque lida com os sentimentos das mulheres numa sala de estar. Uma cena num campo de batalha é mais importante do que uma cena numa loja – em todos os lugares e de manei-

---

[77] Protagonista de *Jane Eyre*.

ra muito mais sutil, a diferença de valor persiste. Portanto, toda a estrutura do romance do início do século XIX foi erguida, quando se era mulher, por uma mente que fora levemente desviada da linha reta e obrigada a alterar sua visão clara em deferência à autoridade externa. Basta folhearmos aqueles velhos romances esquecidos e ouvir o tom de voz no qual foram escritos para adivinhar que a escritora estava enfrentando críticas; estava dizendo isso como uma agressão ou aquilo como uma conciliação. Estava admitindo que era "apenas uma mulher" ou protestando que era "tão boa quanto um homem." Ela enfrentou essas críticas de acordo com seu temperamento: ou com docilidade e acanhamento, ou com raiva e ênfase. Não importa como; a questão é que estava pensando em algo além da coisa em si. Assim, seu livro desaba sobre as nossas cabeças. Havia uma falha no centro dele. E eu pensei em todos os romances escritos por mulheres que estão espalhados pelos sebos de Londres como maçãs pequenas e manchadas num pomar. Foi a falha no centro que os fez apodrecer. A escritora alterou seus valores em deferência à opinião dos outros.

Mas quão impossível deve ter sido para elas não se mover nem um centímetro para a direita ou para a esquerda. Que genialidade, que integridade deve ter sido necessária diante de todas aquelas críticas, em meio àquela sociedade inteiramente patriarcal, para segurar firme a ideia que tinham em mente sem se encolher de medo. Apenas Jane Austen e Emily Brontë o fizeram. É mais uma de suas glórias, talvez a maior de

120

todas. Elas escreveram como mulheres, não como homens. Portanto, de todas as mil mulheres que escreveram romances, apenas elas ignoraram por completo as admoestações perpétuas do eterno pedagogo – escreva isso, pense aquilo. Apenas elas foram surdas àquela voz persistente, ora rabugenta, ora condescendente, ora dominadora, ora lamuriosa, ora chocada, ora furiosa, ora paternal, aquela voz que não consegue deixar as mulheres em paz, mas precisa importuná-las, como uma preceptora conscienciosa demais, exortando-as como sir Egerton Brydges, a serem refinadas; arrastando até mesmo para a crítica da poesia a crítica do sexo;[78] dizendo-lhes que, se quiserem ser boazinhas e ganhar, suponho, algum prêmio reluzente, devem se manter dentro de certos limites que o cavalheiro em questão considera apropriados: "[...] as romancistas mulheres só podem almejar a excelência reconhecendo corajosamente as limitações de seu sexo."[79] Isso resume bem a questão e quando eu lhes disser, para sua

---

78 "[Ela] tem um propósito metafísico, e essa é uma obsessão perigosa, especialmente para uma mulher, pois as mulheres raramente possuem o amor saudável dos homens pela retórica. É uma estranha falta no sexo feminino que é, em outras questões, mais primitivo e mais materialista." Revista *New Criterion*, junho de 1928. (N. da A.)

79 "Se, como este repórter, você acredita que as romancistas mulheres só podem almejar a excelência reconhecendo corajosamente as limitações de seu sexo, Jane Austen demonstrou com quanta graciosidade esse gesto pode ser feito [...]." Revista *Life and Letters*, agosto de 1928. (N. da A.)

surpresa, que essa frase foi escrita não em agosto de 1828, mas em agosto de 1928, vocês concordarão, creio, que, por mais engraçada que seja para nós agora, ela representa uma enorme massa de opiniões, uma massa que era muito mais robusta e muito mais explícita um século atrás – mas eu não vou mexer nessas águas antigas; pego apenas o que flutuou por acaso até os meus pés. Em 1828, teria sido necessária uma moça muito resoluta para ignorar todas essas esnobadas, reprimendas e promessas de prêmios. Uma moça tinha de ser muito insubordinada para dizer de si para si "ah, mas eles não podem comprar a literatura também. A literatura está aberta a todos. Eu me recuso a permitir que você me expulse do gramado, por mais que seja um bedel. Tranque suas bibliotecas, se quiser; mas não existe portão, nem tranca, nem cadeado que você possa colocar na liberdade da minha mente."

Mas, qualquer que tenha sido o efeito que as críticas e a falta de encorajamento tiveram na escrita delas – e acredito que ele tenha sido profundo –, ele não foi importante se comparado à outra dificuldade que essas mulheres (eu ainda estava pensando naquelas romancistas do começo do século XIX) enfrentaram quando foram passar suas ideias para o papel: ou seja, o fato de que não tinham nenhuma tradição às costas, ou tinham apenas uma tradição tão breve e parcial que ela não ajudava muito. Pois, se nós somos mulheres, pensamos no passado através das nossas mães. É inútil pedir ajuda aos grandes escritores homens, por mais que se tenha prazer com eles. Lamb, Browne,

Thackeray, Newman, Sterne, Dickens, De Quincey[80] – quem quer que seja – não ajudaram nenhuma mulher, embora ela talvez tenha aprendido alguns truques com eles e adaptado para seu uso. O peso, o ritmo, o passo da mente de um homem são diferentes demais da sua própria para que ela possa absorver qualquer coisa de substancial dele de maneira bem-sucedida. Quem imita está distante demais para se aplicar na imitação. Talvez a primeira coisa que ela tenha descoberto, ao tocar o papel com a pena, foi que não havia uma frase comum pronta para o seu uso. Todos os grandes romancistas como Thackeray, Dickens e Balzac escreveram numa prosa natural e rápida, porém não descuidada; expressiva, porém não empolada, assumindo seu próprio tom sem deixar de ser propriedade comum. Eles a basearam na frase corrente de seu tempo. A frase que era corrente no começo do século XIX talvez fosse mais ou menos assim: "a grandiosidade de suas obras era, para eles, um argumento a favor não de estacar, mas de prosseguir. Não poderia haver para eles motivo maior de animação e satisfação do que o exercício de sua arte e gerações infindáveis de verdade e beleza. O sucesso leva ao esforço e o hábito facilita o sucesso." Essa é a frase de um homem;

---

80 Thomas Browne (1605–1682), escritor inglês; John Henry Newman (1801–1890), teólogo e escritor inglês; Laurence Sterne (1713–1768), escritor irlandês considerado um dos pais do romance; Thomas De Quincey (1785–1859), crítico e ensaísta inglês.

por trás dela, é possível ver Johnson, Gibbon[81] e os outros. Essa frase não era própria para ser usada por uma mulher. Charlotte Brontë, com todo o seu esplêndido talento para a prosa, tropeçou e caiu com essa arma desajeitada nas mãos. George Eliot cometeu atrocidades indescritíveis com ela. Jane Austen olhou-a, riu dela e criou uma frase perfeitamente natural e bem talhada, própria para o seu uso, que nunca mais abandonou. Assim, com menos talento para escrever do que Charlotte Brontë, ela disse infinitamente mais. Com efeito, como a liberdade e a capacidade de expressão são a essência da arte, essa falta de tradição, essas ferramentas escassas e inadequadas, devem ter deixado uma marca imensa na escrita das mulheres. Além do mais, um livro não é feito de uma frase após a outra, mas de frases que constroem, se uma imagem ajudar, arcadas e cúpulas. E esse formato também foi feito pelos homens, a partir de suas próprias necessidades e para o seu próprio uso. Não há motivo para acreditar que a forma do épico ou da peça poética se ajuste melhor à mulher do que a frase. Mas todas as formas mais antigas de literatura já estavam moldadas e rígidas quando ela se tornou escritora. Apenas o romance era jovem o suficiente para parecer macio em suas mãos – e talvez seja por isso também que ela escreveu romances. No entanto, quem há de afirmar que mesmo agora "o romance" (eu coloco as palavras entre aspas para passar minha sensação do quanto

81 Edward Gibbon (1737–1794), historiador inglês.

são inadequadas), quem há de afirmar que até mesmo essa, a mais flexível da todas as formas, foi feita para o seu uso? Sem dúvida, quando ela estiver livre para usar seus braços, nós a veremos moldando essa forma para si própria; e descobrindo algum novo veículo, não necessariamente em verso, para a poesia que há dentro dela. Pois é à poesia que ainda se nega a expressão. E eu passei a refletir sobre como uma mulher hoje em dia escreveria uma tragédia poética em cinco atos. Será que usaria verso? Será que não preferiria a prosa?

Mas essas são perguntas difíceis que se encontram no crepúsculo do futuro. Preciso deixá-las, ainda que seja apenas porque me estimulam a vagar por florestas sem trilhas onde me perderei e, muito provavelmente, serei devorada por animais selvagens. Não quero abordar, e tenho certeza de que vocês também não querem que eu aborde esse assunto melancólico que é o futuro da ficção; assim, só pararei aqui um instante para chamar sua atenção para o papel importante que deverão ter nesse futuro as condições físicas, no que diz respeito às mulheres. O livro precisa, de alguma maneira, ser adaptado ao corpo, e eu me arriscaria a dizer que os livros das mulheres deveriam ser mais curtos, mais concentrados, do que os livros dos homens, e com uma estrutura que não necessite de longas horas de trabalho constante e sem interrupções. Pois sempre haverá interrupções. Os nervos que alimentam o cérebro parecem ser diferentes nos homens e nas mulheres e, se vamos fazer com que trabalhem o máximo e o melhor possível, devemos descobrir que tratamento é adequado para eles – se essas horas de palestras, por exemplo, que os monges inventaram, presumivelmente, centenas de anos atrás, são adequadas para eles –, que alternações entre trabalho e descanso eles precisam, interpretando o descanso não como não fazer nada, mas como fazer algo, porém algo diferente; e qual deve ser a diferença? Tudo isso deve ser discutido e descoberto; tudo isso faz parte da questão "as mulheres e a ficção". E, no entanto, continuei eu, voltando a me aproximar da estante, onde encontrarei aquele estudo profundo da psicologia das mulheres feito por uma mulher? Se, devido à sua incapacidade para jogar futebol, as mulheres não terão permissão para praticar medicina...

Felizmente, nesse ponto meus pensamentos tomaram outro rumo.

Capítulo ——————— 5

Após tanto vagar, eu afinal tinha chegado às prateleiras que contêm os livros escritos pelos vivos – homens e mulheres; pois, agora, existem quase tantos livros escritos por elas quanto por eles. Ou, se isso não é bem verdade, se o sexo masculino ainda é o sexo verborrágico, certamente é verdade que as mulheres não escrevem mais apenas romances. Ali estão os livros de Jane Harrison sobre arqueologia grega; os livros de Vernon Lee sobre estética; os livros de Gertrude Bell sobre a Pérsia.[82] Há livros sobre toda sorte de assunto que, uma geração atrás, nenhuma mulher teria podido abordar. Há poemas, peças e críticas; há livros de história, biografias, livros de viagem e de pesquisa; há até alguns livros de filosofia e sobre ciência e economia. E, embora os romances predominem, é bem possível que eles próprios tenham mudado após se associarem a livros de natureza diferente. A simplicidade natural, a era épica da escrita feminina, talvez tenha passado. A leitura e a crítica talvez tenham dado a ela um escopo mais vasto, uma maior sutileza. O impulso pela autobiografia talvez tenha desaparecido. Ela talvez esteja começando a usar a escrita como uma arte, não um meio de expressão. Entre esses novos roman-

---

82 Vernon Lee era o pseudônimo de Violet Page (1856–1935), ensaísta inglesa. Gertrude Bell (1868–1926), política e escritora inglesa que ajudou a colocar o rei Faiçal I no trono do Reino Árabe da Síria e a fundar o Museu do Iraque.

ces, talvez seja possível encontrar as respostas para diversas dessas perguntas.

Eu peguei um deles aleatoriamente. Estava no finalzinho da prateleira, se chamava *A aventura da vida*, ou algo parecido, de Mary Carmichael, e tinha sido publicado neste mês de outubro. Parece ser o primeiro livro dela, eu disse para mim mesma, mas é preciso lê-lo como se fosse o último volume numa série bastante longa, uma continuação de todos aqueles outros livros que eu vinha folheando – os poemas de lady Winchilsea, as peças de Aphra Behn e os romances das quatro grandes romancistas. Pois os livros são uma continuação uns dos outros, apesar do nosso hábito de julgá-los separadamente. E eu também preciso considerá-la – a essa mulher desconhecida – uma descendente de todas aquelas outras mulheres sobre cujas circunstâncias vinha refletindo, e ver o que ela herdou de suas características e restrições. Assim, com um suspiro, pois os romances tantas vezes são um analgésico, e não um antídoto, nos fazendo deslizar para um sono profundo em vez de nos acordar como um ferro em brasa, eu me acomodei com um caderno e um lápis para extrair o que pudesse do primeiro romance de Mary Carmichael, *A aventura da vida*.

Para começar, passei os olhos para cima e para baixo na página. Vou ter uma ideia de como são as frases dela primeiro, disse eu, antes de entupir minha memória com olhos azuis e olhos castanhos e com o relacionamento que talvez exista entre Chloe e Roger. Haverá tempo para isso depois de eu decidir se o que ela tem nas mãos é uma pena ou uma picareta. Assim, experimentei uma ou duas frases. Logo, tornou-se óbvio que algo estava fora da ordem. O deslizar macio de frase após frase foi interrompido. Algo se rasgou, algo se arranhou; só uma palavra aqui e ali acendia sua tocha diante dos meus olhos. Ela estava "se desatando", como dizem nas peças antigas. É como uma pessoa riscando um fósforo que se recusa a acender, pensei. Mas por que, eu perguntei-lhe como se ela estivesse ali, as frases de Jane Austen não têm o formato certo para você? Será que elas precisam ser todas apagadas só porque Emma e o sr. Woodhouse[83] estão mortos? Que pena, suspirei, que tenha de ser assim. Pois, se Jane Austen vai de melodia a melodia como Mozart de canção a canção, ler esse livro era como estar em alto-mar num barco aberto. Eu ia para cima e logo afundava. Essa concisão, essa falta de fôlego, talvez signifique que ela estava com medo de alguma coisa; medo de ser chamada de "sentimental", talvez; ou, talvez se lembre de que a escrita feminina já foi descrita como floreada e, por isso, forneça uma quantidade excessiva de espinhos; mas, até que eu leia uma cena com algum cuidado, não posso ter certeza se está sendo ela mesma ou outra pessoa. De qualquer maneira, ela não diminui minha vitalidade, pensei, lendo com mais atenção. Mas amontoa fatos demais. Não vai conseguir usar nem metade deles num livro desse tamanho (ele era mais ou menos a metade do tamanho de *Jane Eyre*).

83 Personagens do romance *Emma*, de Jane Austen.

No entanto, de algum modo, teve sucesso em colocar todos nós – Roger, Chloe, Olivia, Tony e o sr. Bigham – numa canoa subindo o rio. Espere um instante, disse eu, me recostando na cadeira, preciso pensar na coisa toda com mais cuidado antes de seguir em frente.

Tenho quase certeza, disse eu para mim mesma, que Mary Carmichael está fazendo um truque. Pois eu me senti como a gente se sente numa montanha-russa quando o carrinho, em vez de descer, como estávamos esperando, dá mais uma guinada. Mary está mexendo na sequência esperada. Primeiro, ela quebrou a frase; agora, está quebrando a sequência. Muito bem, ela tem todo o direito de fazer essas duas coisas se as fizer não porque deseja quebrar, mas porque deseja criar. Não há como saber qual é o caso até ela ter enfrentado uma situação. Eu lhe darei toda a liberdade, disse eu, de escolher qual situação será; ela a construirá com latas de conserva e chaleiras velhas se quiser, mas terá de me convencer de que acredita que aquela é uma situação; e, após construí-la, terá de enfrentá-la. Terá de saltar. E, decidida a cumprir meu dever de leitora se ela fosse cumprir seu dever de escritora, eu virei a página e li... peço desculpas por me interromper de maneira tão abrupta. Não há nenhum homem aqui? Vocês me prometem que sir Chartres Biron[84] não está escondido atrás daquela

---

84 Sir Chartres Biron (1863–1940) foi o juiz que considerou obsceno o livro *O poço da solidão*, publicado em 1928 pela escritora inglesa Radclyffe Hall (1880–1943), por descrever uma história de amor entre duas mulheres.

cortina vermelha ali? Somos todas mulheres, vocês me garantem? Então, posso lhes contar que as palavras que li logo depois foram essas: "Chloe gostava de Olivia." Não se assustem. Não enrubesçam. Vamos admitir, na nossa privacidade, que essas coisas, às vezes, acontecem. Às vezes, as mulheres gostam das mulheres.

"Chloe gostava de Olivia," li eu. E então me dei conta da mudança imensa que havia ali. Chloe gostava de Olivia talvez pela primeira vez na literatura. Cleópatra não gostava de Otávia. E como *Antônio e Cleópatra* teria sido completamente diferente se houvesse gostado! Do jeito como é, pensei eu, desviando, lamento dizer, um pouco da minha atenção de *A aventura da vida*, a coisa fica, se é que ouso dizer, absurdamente simples e convencional. O único sentimento de Cleópatra por Otávia é ciúmes. Ela é mais alta do que eu? Como é seu penteado? A peça, talvez, não precisasse de mais nada. Mas como teria sido interessante se o relacionamento entre as duas mulheres fosse mais complicado. Todos aqueles relacionamentos entre mulheres, pensei, me lembrando rapidamente da galeria esplêndida de mulheres ficcionais, são simples demais. Tanta coisa foi deixada de fora, sem jamais ser tentada. E eu tentei lembrar de algum exemplo de duas mulheres representadas como amigas que houvesse encontrado nas minhas leituras. Há uma tentativa em *Diana of the Crossways*.[85] Elas são

---

85 *Diana of the Crossways* [Diana da encruzilhada], romance publicado em 1885 pelo escritor inglês George Meredith (1928–1909).

confidentes, é claro, em Racine e nas tragédias gregas. São, de tempos em tempos, mães e filhas. Mas, quase sem exceção, são mostradas em relação aos homens. Foi estranho pensar que todas as grandes mulheres da ficção foram, até a época de Jane Austen, não apenas vistas pelo outro sexo, mas vistas exclusivamente em relação ao outro sexo. E que parte pequena da vida de uma mulher isso é; e quão pouco um homem pode saber mesmo sobre essa parte quando a observa através das lentes negras ou rosadas que o sexo coloca sobre o seu nariz. Daí, talvez, venha a natureza peculiar da mulher na ficção; os extremos espantosos de sua beleza e seu horror; suas alternações entre a bondade divinal e a depravação infernal – pois assim um apaixonado a veria conforme seu amor crescesse ou afundasse, prosperasse ou sofresse alguma desdita. Isso não ocorre tanto nos romancistas do século XIX, é claro. A mulher, ali, se torna muito mais variada e complicada. Com efeito, talvez tenha sido o desejo de escrever sobre as mulheres que levou os homens a abandonar a peça poética que, com sua violência, tinha tão pouco uso para elas, e inventar o romance como um receptáculo mais adequado. Mesmo assim, continua sendo óbvio, mesmo na obra de Proust, que os homens têm um conhecimento das mulheres terrivelmente tolhido ou parcial, assim como é o conhecimento que as mulheres têm dos homens.

Além disso, continuei eu, baixando os olhos para a página mais uma vez, está se tornando evidente que as mulheres, assim como os homens, têm outros inte-

132

resses além dos interesses perenes da domesticidade. "Chloe gostava de Olivia. Elas trabalhavam no mesmo laboratório..." Continuei a ler e descobri que essas duas jovens estavam ocupadas em moer fígados, o que é, parece, uma cura para a anemia perniciosa; apesar de uma ser casada e ter – acho que estou certa em afirmar – dois filhos pequenos. Tudo isso, é claro, teve de ser deixado de fora e, assim, o esplêndido retrato da mulher ficcional é simples e monótono demais. Suponham, por exemplo, que os homens só fossem representados na literatura como amantes de mulheres, e nunca como amigos de homens, soldados, pensadores, sonhadores; quão poucos dos papéis das peças de Shakespeare teriam podido ficar para eles; como a literatura iria sofrer! Nós talvez tivéssemos a maior parte de Otelo e uma boa parte de Antônio. Mas nada de César, Brutus, Hamlet, Lear, Jaques – a literatura ficaria incrivelmente mais pobre, como de fato ficou mais pobre do que podemos avaliar pelas portas que foram fechadas diante das mulheres. Casando contra a vontade, confinadas a um só cômodo e a uma só ocupação, como poderia um dramaturgo fazer um relato completo, interessante ou verdadeiro sobre elas? O amor era o único intérprete possível. O poeta foi forçado a ser apaixonado ou amargo, a não ser que decidisse "odiar as mulheres", o que significava, na maioria das vezes, que não conseguia atrai-las.

Se Chloe gosta de Olivia e elas trabalham no mesmo laboratório, algo que, por si só, irá tornar uma amizade mais variada e duradoura, pois ela será menos pessoal;

se Mary Carmichael sabe escrever, e eu estava começando a gostar de alguma característica em seu estilo; se ela tem um quarto só para si, o que eu não sei com certeza; se tem quinhentas libras só dela – mas isso ainda precisa ser provado –, então acredito que algo de grande importância aconteceu.

Pois se Chloe gosta de Olivia e Mary Carmichael sabe como expressar isso, ela vai acender uma tocha naquele vasto salão onde ninguém entrou ainda. Ele é todo coberto de meia-luz e sombras profundas, como aquelas cavernas onde entramos com uma vela, espiando para cima e para baixo, sem saber onde pisamos. E eu comecei a ler o livro de novo e li como Chloe observou Olivia colocar um frasco numa prateleira e dizer que estava na hora de ir para casa ver as crianças. "Essa é uma cena jamais vista desde que o mundo é mundo!", exclamei. E então passei a observar também, com grande curiosidade. Pois queria ver como Mary Carmichael punha-se a fixar esses gestos nunca registrados, essas palavras não ditas ou meio ditas, que se formam, não mais palpáveis do que as sombras das mariposas no teto, quando as mulheres estão sozinhas, sem a iluminação caprichosa e colorida emitida pelo outro sexo. Ela terá de prender a respiração, disse eu, continuando a ler, se for fazer isso; pois as mulheres são tão desconfiadas de qualquer interesse que não tenha um motivo óbvio por trás, tão terrivelmente acostumadas a ocultar e suprimir, que saem correndo ao mero lampejo de um olho observador voltado em sua direção. A única maneira de você fazer isso, pensei, me dirigindo a Mary Carmichael como se ela estivesse ali, seria falar de outra coisa, olhando fixamente pela janela, e assim anotar, não com um lápis num caderno, mas na mais rápida taquigrafia, em palavras que por enquanto mal têm sílabas, o que acontece quando Olivia – esse organismo que está sob a sombra da pedra há milhões de anos – sente a luz a iluminá-la e vê se aproximando dela um alimento desconhecido – o conhecimento, a aventura, a arte. E Olívia estende o braço para esse alimento, pensei eu, mais uma vez erguendo os olhos da página, e precisa inventar uma combinação inteiramente nova dos recursos dela, tão bem desenvolvidos para outros propósitos, de modo a absorver o novo para dentro do velho sem perturbar o equilíbrio infinitamente intricado e complexo do todo.

Mas, ai de mim, eu havia feito aquilo que estava decidida a não fazer; havia, sem pensar, começado a elogiar o meu próprio sexo. "Bem desenvolvidos"; "infinitamente intrincado": isso são elogios inegáveis, e elogiar o seu próprio sexo é sempre suspeito, muitas vezes bobo; e, além do mais, nesse caso, como eu seria capaz de justificá-lo? Era impossível ir até o mapa e dizer que Colombo tinha descoberto a América e Colombo era mulher; ou pegar uma maçã e afirmar "Newton descobriu as leis da gravitação e Newton era mulher"; ou olhar para o céu e dizer, os aviões estão voando lá em cima e eles foram inventados por mulheres. Não há uma marca na parede que meça a altura exata das mulheres. Não há réguas, bem divididas em frações de polegadas, que possamos usar nas qualidades de uma boa mãe, ou na dedicação de uma filha, ou na fidelidade de uma irmã, ou na habilidade de uma governanta. Mesmo agora, poucas mulheres receberam notas em universidades; as grandes tribulações das profissões, do Exército e da Marinha, dos negócios, da política e da diplomacia, mal chegaram a testá-las. Mesmo neste instante, elas quase não receberam classificações. Mas se eu quiser saber tudo o que um ser humano é capaz de me dizer sobre sir Hawley Butts, por exemplo, só preciso abrir *Burke* ou *Debrett*[86] que descobrirei que ele obteve esse ou aquele diploma; é dono de um solar; herdou uma fortuna; foi Secretário de um Conselho; representou a Grã-Bretanha no Canadá; e recebeu um determinado número de diplomas, cargos, medalhas e outras distinções através dos quais seus méritos estão estampados nele de maneira indelével. Apenas a Divina Providência pode saber mais do que isso sobre sir Hawley Butts.

Quando, portanto, eu digo "bem desenvolvidos" e "infinitamente intrincado" para descrever traços das mulheres, sou incapaz de confirmar minhas palavras no *Whitaker*,[87] no *Debrett* ou no Calendário da Universidade. O que posso fazer nesse dilema? E voltei a olhar para a estante. Lá havia biografias: de Johnson, Goethe,

---

86 O *Burke's Peerage*, que começou a ser publicado por John Burke em 1826, e o *Debrett's Peerage e Baronetage*, que começou a ser publicado por John Debrett em 1802, são livros de referência que trazem a história de todas as famílias da aristocracia do Reino Unido.

87 O *Whitaker's Almanack* é um almanaque que começou a ser publicado em 1868 no Reino Unido e ainda sai anualmente.

Carlyle, Sterne, Cowper, Shelley, Voltaire, Browning e muitos outros. E eu comecei a pensar em todos esses grandes homens que, por um motivo ou por outro, admiraram, buscaram, viveram com, trocaram confidências com, cortejaram, escreveram sobre, confiaram em e demonstraram o que só pode ser descrito como uma certa necessidade de e dependência de determinadas pessoas do sexo oposto. Não posso afirmar que todos esses relacionamentos tenham sido absolutamente platônicos, e sir William Joynson Hicks[88] provavelmente diria que não. Mas estaríamos cometendo uma grande injustiça contra esses homens ilustres se insistíssemos em dizer que não tiraram nada dessas alianças a não ser conforto, bajulação e os prazeres do corpo. O que tiraram, obviamente, foi algo que seu próprio sexo não foi capaz de suprir; e talvez não seja precipitado defini-lo ainda melhor, sem citar as palavras sem dúvida extasiadas dos poetas, e dizer que era algum estímulo; alguma renovação do poder criativo que só o sexo oposto tem a dádiva de oferecer. Ele abria a porta da sala de estar ou do quarto das crianças, pensei eu, e a encontrava entre os pequenos, talvez, ou com uma peça de renda sobre o joelho – de qualquer forma, como o centro de uma ordem ou sistema de vida diferente – e o contraste entre esse mundo e o seu próprio, que talvez fossem

---

88 Sir William Joynson Hicks (1865–1932) foi Secretário de Estado para Assuntos Internos do Reino Unido entre 1924 e 1929 e era conhecido por suas visões reacionárias. Ele foi um dos principais defensores do banimento do livro *O poço da solidão*.

os tribunais ou a Câmara dos Comuns, imediatamente o revigorava e lhe dava frescor; e surgiria, mesmo na tarefa mais simples, uma diferença tão natural de opiniões, que as ideias ressecadas dele seriam fertilizadas e renovadas; e vê-la criando algo num meio diferente do seu despertaria de tal maneira seu poder criativo que, inconscientemente, sua mente estéril começaria a planejar de novo, e ele encontraria a frase ou a cena que estava faltando quando colocara o chapéu para ir visitá-la. Todo Johnson tinha a sua Thrale e se agarrava a ela por algum motivo como esse; e, quando a Thrale se casava com seu professor de música italiano, Johnson quase enlouquecia de fúria e desgosto, pois não apenas iria sentir falta das noites passadas em Streatham, como a luz de sua vida teria "como que se apagado."[89]

E, sem ser dr. Johnson, Goethe, Carlyle ou Voltaire, é possível sentir, embora de maneira muito diferente desses grandes homens, a natureza dessa complexidade infinita e o poder dessa bem desenvolvida faculdade criativa entre as mulheres. Nós entramos numa sala – mas os recursos da língua inglesa teriam de ser levados ao limite e bandos inteiros de palavras precisariam surgir ilegitimamente, batendo suas asas, antes que uma mulher pudesse explicar o que acontece

[89] Hester Lynch Thrale (1741–1821) foi uma socialite e escritora, amiga íntima de Samuel Johnson, que frequentava Streatham, a casa dela e de seu marido. Após ficar viúva, Thrale se apaixonou por Gabriel Piozzi, um professor de música italiano pobre, e se casou com ele, o que fez com que Johnson cortasse relações com ela.

quando ela entra numa sala. As salas são tão diferentes: tranquilas, ou tempestuosas; com uma janela que dá para o mar, ou, ao contrário, para o pátio de uma prisão; com roupas secando numa corda ou repletas de sedas e joias; ásperas como a crina de um cavalo ou macias como as penas de um pássaro – basta entrarmos em qualquer sala de qualquer rua para que toda a força daquela feminilidade extremamente complexa nos atinja no rosto. Como poderia não ser assim? Pois as mulheres passaram milhões de anos sentadas dentro de casa, de modo que, a essa altura, até as paredes estão permeadas por sua força criativa, força que colocou tamanho peso sobre os tijolos e a argamassa que precisou se atrelar a penas e pincéis, aos negócios e à política. Mas esse poder criativo é muito diferente do poder criativo dos homens. E devemos concluir que seria uma grande pena se fosse talhado ou desperdiçado, pois foi adquirido com séculos de disciplina drástica e não há nada que o substitua. Seria uma grande pena se as mulheres escrevessem como os homens, vivessem como os homens ou se parecessem com os homens, pois, se dois sexos já são insuficientes, considerando a vastidão e a variedade do mundo, como faríamos com apenas um? Será que a educação não deveria realçar e fortalecer as diferenças em vez das similaridades? Pois nós já temos semelhanças demais e, se um explorador voltasse e nos contasse sobre outros sexos espiando outros céus por entre os galhos de outras árvores, nada seria mais útil para a humanidade; e, ainda por cima, nós teríamos o imen-

139

so prazer de ver o professor X correr até suas réguas para provar que é "superior."

Será difícil, pensei, ainda pairando um pouco acima da página, para Mary Carmichael ser apenas uma observadora. Com efeito, temo que ela se sinta tentada a tornar-se aquilo que eu considero o tipo menos interessante da espécie – o romancista-naturalista, e não o contemplativo. Existem tantos fatos novos para ela observar. Ela não terá mais de se limitar às casas respeitáveis das classes médias altas. Irá entrar, sem bondade ou condescendência, mas num espírito de igualdade, naquelas salas pequenas e perfumadas onde ficam sentadas a cortesã, a meretriz e a senhora com o cachorrinho pug. Elas ainda estão ali, com as roupas ásperas e pré-fabricadas que o escritor homem precisou lhes colocar sobre os ombros. Mas Mary Carmichael vai pegar sua tesoura e ajustar essas roupas em cada curva e ângulo de seu corpo. Será uma cena curiosa ver essas mulheres como elas são, mas nós precisamos esperar um pouco, pois Mary Carmichael ainda terá de lidar com aquele acanhamento na presença do "pecado" que é o legado da barbárie sexual. Ela ainda terá os grilhões desajeitados da classe social presos aos pés.

No entanto, a maioria das mulheres não é nem meretriz nem cortesã; e também não passa toda a tarde de verão mantendo um cachorro pug sobre uma almofada de veludo empoeirada. Mas, então, o que elas fazem? Naquele momento, surgiu na minha imaginação uma daquelas longas ruas em algum lugar na mar-

140

gem sul do rio cujas fileiras de casas são tomadas por um sem-número de pessoas. Na minha fantasia, eu vi uma senhora muito velhinha atravessando a rua de braço dado com uma mulher de meia-idade – sua filha, talvez –, ambas usando botas e peles tão imponentes que o ato de se vestirem à tarde deve ser um ritual, e as roupas em si devem ficar guardadas com cânfora, ano após ano, durante os meses de verão. Elas atravessam a rua quando os postes estão sendo acesos (pois o crepúsculo é seu momento preferido do dia), como devem ter feito ano após ano. A mais velha tem quase oitenta anos; mas, se alguém lhe perguntasse o que sua vida significou, ela diria que se lembrava das ruas iluminadas para a batalha de Balaclava, ou que ouvira a salva de tiros em Hyde Park no nascimento do rei Eduardo VII.[90] E se alguém lhe perguntasse, desejando definir o momento com uma data e uma estação, mas o que você estava fazendo no dia 5 de abril de 1868, ou no dia 2 de novembro de 1875, ela ficaria com o olhar vago e diria que não conseguia se lembrar de nada. Pois todos os jantares estão feitos; os copos e pratos, lavados; e as crianças foram mandadas para a escola e saíram pelo mundo. Não restou nada. Tudo desapareceu. Nenhuma biografia ou livro de história tem uma palavra a dizer sobre isso. E os romances, sem querer, sempre mentem.

90 A batalha de Balaclava, travada durante a Guerra da Crimeia (1853–1856), ocorreu em outubro de 1854. O nascimento do rei Eduardo VII foi no dia 9 de novembro de 1841.

Todas essas vidas infinitamente obscuras ainda precisam ser registradas, disse eu, dirigindo-me a Mary Carmichael como se ela estivesse ali; e segui em pensamento pelas ruas de Londres, sentindo na minha imaginação a pressão da mudez, a acumulação da vida não registrada, fosse das mulheres nas esquinas com os braços abertos e os anéis enfiados nos dedos gordos, conversando com gestos que têm o balanço das palavras de Shakespeare; fosse das vendedoras de violetas, das vendedoras de fósforos e das velhas paradas sob os umbrais; ou de meninas errantes cujos rostos, como ondas sob o sol e as nuvens, mostram a aproximação de homens e mulheres e as luzes bruxuleantes das vitrines. Tudo isso você terá de explorar, eu disse a Mary Carmichael, segurando firme a sua tocha. Acima de tudo, terá de iluminar sua própria alma com as partes fundas e rasas, suas vaidades e generosidades, e dizer o que significa para você sua beleza ou sua feiura, e qual é sua relação com o mundo mutante e inconstante das luvas e dos sapatos e das lãs subindo e descendo por entre os leves odores que atravessam os frascos das perfumarias e descem por arcadas de tecido e caem sobre um chão de mármore falso. Pois, na minha imaginação, eu entrara numa loja; ela tinha um assoalho preto e branco; e era coberta por fitas coloridas de uma beleza espantosa. Mary Carmichael poderia dar uma olhada aqui dentro, pensei, pois é uma cena que se prestaria tão bem à pena quanto qualquer cume nevado ou despenhadeiro nos Andes. E também há uma moça atrás do balcão – eu preferiria saber sua história verdadeira a ler a centésima quinquagésima biografia de Napoleão ou o septuagésimo estudo sobre Keats e seu uso da inversão miltoniana que o velho professor Z e outros como ele estão escrevendo agora. Então eu, com muito cuidado, nas pontinhas dos pés (com tanta covardia, tanto medo do chicote que uma vez quase estalou sobre os meus ombros), pus-me a murmurar que ela também deveria aprender a rir, sem amargura, das vaidades – melhor dizer das peculiaridades, que é uma palavra menos ofensiva – do outro sexo. Pois existe uma marca do tamanho de um xelim na parte de trás da nossa cabeça que nós nunca conseguimos ver. É uma das boas ações que um sexo pode prestar ao outro – descrever essa marca na parte de trás da cabeça. Pensem em como as mulheres se beneficiaram dos comentários de Juvenal; das críticas de Strindberg.[91] Pensem com quanta benevolência e brilhantismo os homens, desde as eras mais antigas, mostraram para as mulheres aquele lugar obscuro na parte de trás da cabeça! E, se Mary for muito corajosa e muito honesta, ela vai dar a volta no outro sexo e nos contar o que encontrou ali. Um retrato fiel de um

---

91 A Sátira VI do poeta romano Juvenal fala com desprezo das mulheres e do casamento. No prefácio da peça *Senhorita Júlia*, o dramaturgo sueco Johan August Strindberg (1849–1912) chama a personagem principal de "meia mulher", "mulher que odeia os homens" e diz que "A meia mulher, hoje em dia, abre caminho na vida vendendo-se, não por dinheiro, como antigamente, mas por posições sociais, poder, condecorações, distinções e diplomas." (Tradução de Knut Bernström e Mario da Silva).

homem inteiro jamais poderá ser pintado até que uma mulher descreva aquela marca do tamanho de um xelim. O sr. Woodhouse e o sr. Casuabon[92] são marcas desse tamanho e dessa natureza. Mas é claro que ninguém iria aconselhar Mary a já começar com a intenção de desdenhar e ridicularizar – a literatura mostra a futilidade daquilo que é escrito com esse espírito. Seja fiel à verdade, eu diria, e o resultado sem dúvida será espantosamente interessante. A comédia será enriquecida. Novos fatos serão descobertos.

No entanto, já estava mais do que na hora de baixar meus olhos para a página novamente. Seria melhor, em vez de especular sobre o que Mary Carmichael poderia e deveria escrever, ver o que Mary Carmichael de fato escrevera. Assim, eu comecei a ler de novo. Lembrei que tinha algumas queixas sobre a autora. Ela havia quebrado a frase de Jane Austen e, assim, não me dado nenhuma chance de me vangloriar do meu gosto impecável, do meu ouvido exigente. Pois era inútil dizer "Sim, sim, isso é muito bonito; mas Jane Austen escrevia muito melhor do que você" quando eu tinha de admitir que não havia nenhuma semelhança entre elas. Depois, Mary Carmichael fora mais longe e quebrara a sequência – a ordem esperada. Talvez houvesse feito isso de maneira inconsciente, apenas colocando as coisas em sua ordem natural como uma mulher faria,

---

92 O sr. Woodehouse, de *Emma*, é um homem tolo e hipocondríaco. Já o sr. Casaubon, personagem do romance *Middlemarch*, de George Eliot, é arrogante e frio.

se escrevesse como uma mulher. Mas o efeito foi, de certa forma, frustrante; eu não conseguia ver a onda se erguendo, a crise dobrando a esquina. Portanto, também não podia me vangloriar da profundidade dos meus sentimentos e do meu conhecimento do coração humano. Pois, quando estava prestes a sentir as coisas de sempre nos lugares de sempre, sobre o amor, sobre a morte, aquela criatura irritante me arrancava dali, como se a questão importante estivesse só um pouco mais adiante. E, assim, fez com que fosse impossível eu exibir expressões sonoras sobre "sentimentos fundamentais," "a essência comum da humanidade," e todas as outras que nos ajudam a acreditar que, por mais espertos que sejamos na superfície, no fundo, somos muito sérios, muito profundos e muito benevolentes. Ao contrário, ela me fez sentir que, em vez de ser séria, profunda e benevolente, eu talvez fosse – e essa ideia era bem menos sedutora – apenas preguiçosa intelectualmente e, ainda por cima, convencional.

Mas eu continuei a ler e percebi algumas outras coisas. Mary Carmichael não era nenhum "gênio," isso estava claro. Não tinha o amor pela natureza, a imaginação ardente, a poesia selvagem, o humor brilhante, a sabedoria contemplativa de suas grandes predecessoras, lady Winchilsea, Charlotte Brontë, Emily Brontë, Jane Austen e George Eliot; não sabia escrever com a melodia e a dignidade de Dorothy Osborne – na verdade, era apenas uma menina inteligente cujos livros sem dúvida serão transformados em polpa pelos editores daqui a dez anos. Mas, mesmo assim, ela teve certas vantagens que mulheres de muito mais talento não tiveram apenas meio século atrás. Os homens, para ela, não eram mais "a facção oposta;" ela não precisava perder nenhum tempo praguejando contra eles; não precisava subir no telhado e arruinar sua paz de espírito ansiando pelas viagens, pelas experiências e pelo conhecimento do mundo e de uma variedade de pessoas que lhe foram negados. O medo e o ódio quase haviam desaparecido, ou seus vestígios surgiam apenas num leve exagero do amor pela liberdade e numa tendência ao cáustico e ao satírico, em vez do romântico, em sua maneira de falar do sexo oposto. Além disso, não havia dúvidas de que, como romancista, Mary Carmichael tinha grandes vantagens naturais. Tinha uma sensibilidade muito vasta, franca e livre. Uma sensibilidade que reagia a um toque quase imperceptível. Que, como uma planta há pouco exposta ao ar, alimentava-se de todas as cenas e sons que surgiam perto dela. E que também se aventurava, de forma muito sutil e curiosa, por entre coisas quase desconhecidas e não registradas; pousava em coisas pequenas e mostrava que talvez não fossem tão pequenas assim. Expunha à luz coisas enterradas e fazia com que eu me perguntasse por que houvera necessidade de enterrá-las. Por mais desajeitada que fosse e por mais que não possuísse a postura inconsciente de uma longa ancestralidade que faz com que o menor movimento da pena de um Thackeray ou de um Lamb sejam tão deliciosos para o ouvido, ela – eu comecei a acreditar – aprendera a primeira grande lição: escrevia como uma mulher, mas

146

como uma mulher que se esquecera de que era mulher, de modo que suas páginas estavam repletas daquela curiosa qualidade sexual que só surge quando o sexo não tem consciência de si mesmo.

Tudo isso era positivo. Mas nenhuma abundância de sensibilidade ou agudeza de percepção adiantaria se ela não conseguisse construir a partir do fugidio e do pessoal o edifício duradouro que jamais ruirá. Eu havia dito que esperaria até que ela se visse diante de "uma situação." E quis dizer com isso até que provasse, convocando, acenando e reunindo, que não meramente arranhava a superfície, mas olhava além, para as profundezas. Chegou a hora, diria ela de si para si em determinado momento, na qual sem cometer nenhuma violência eu poderei mostrar o significado de tudo isso. E ela começaria – como é inconfundível esse pulsar! – acenando e convocando, e surgiriam na memória, semiesquecidas, coisas talvez muito triviais que haviam sido jogadas no caminho ao longo dos outros capítulos. E ela nos faria sentir sua presença enquanto alguém costurava ou fumava um cachimbo da maneira mais natural possível e nós sentiríamos, conforme continuasse a escrever, que havíamos subido ao topo do mundo e o visto espraiado lá embaixo com grande majestade.

Ela estava tentando, de qualquer maneira. Quando a vi se alongando para o teste, percebi, mas torci para que ela não houvesse percebido, os bispos e os deãos, os médicos e os professores, os patriarcas e os pedagogos, todos gritando alertas e conselhos. Você não sabe fazer isso, não pode fazer aquilo! Apenas os professores e os

147

estudantes podem pisar no gramado! Senhoras não podem entrar sem uma carta de apresentação! Mulheres graciosas aspirantes a romancistas, por aqui! Assim continuaram eles, como a multidão diante da grade de uma pista de cavalos, e a provação dela era pular sem olhar para a direita ou para a esquerda. Se você parar para praguejar, está perdida, eu disse para ela; e também, se parar para rir. Hesite ou tropece e você está acabada. Pense apenas no salto, eu lhe implorei, como se houvesse apostado todo o meu dinheiro nela; e ela passou que nem um pássaro. Mas depois havia outro obstáculo; e depois, outro. Eu não sabia se ela manteria a concentração, pois as palmas e os gritos acabavam com os nervos. Mas ela fez o melhor que podia. Considerando-se que Mary Carmichael não era nenhum gênio, mas uma menina desconhecida escrevendo seu primeiro romance num quarto de dormir, sem ter em quantidade suficiente coisas desejáveis como tempo, dinheiro e horas vagas, ela não se saiu tão mal, pensei eu.

Dê-lhe mais cem anos, concluí, lendo o último capítulo – os narizes e os ombros nus das pessoas contra um céu estrelado, pois alguém havia aberto a cortina da sala de estar – dê-lhe um quarto só seu e quinhentas libras por ano, deixe-a falar o que pensa e cortar metade do que agora deixa no texto e ela escreverá um livro melhor um dia desses. Ela será uma poeta, disse eu, colocando *A aventura da vida*, de Mary Carmichael, no fim da prateleira, daqui a cem anos.

Capítulo ———————— 6

No dia seguinte, a luz da manhã de outubro entrava em raios empoeirados pelas janelas sem cortina e o murmúrio do tráfego subia da rua. Londres, portanto, estava dando corda em si mesma de novo; a fábrica estava agitada; as máquinas começavam a trabalhar. Era tentador, depois de tanta leitura, olhar pela janela e ver o que Londres estava fazendo na manhã do dia 26 de outubro de 1928. E o que Londres estava fazendo? Ninguém, aparentemente, estava lendo *Antônio e Cleópatra*. Londres parecia completamente indiferente às peças de Shakespeare. Ninguém dava um tostão – e eu não os culpo – pelo futuro da ficção, a morte da poesia ou o desenvolvimento por parte da mulher média de um estilo de prosa que expresse por completo a sua maneira de pensar. Se opiniões sobre qualquer uma dessas questões houvessem sido escritas a giz na calçada, ninguém teria parado para ler. Elas teriam sido apagadas em meia hora pela despreocupação dos pés apressados. Ali vinha um contínuo; de outra direção, uma mulher com um cachorro numa coleira. O fascínio das ruas de Londres é que nunca há duas pessoas iguais; cada uma parece envolta por um assunto privado e só seu. Lá estavam os atarefados com suas sacolinhas; os desocupados batendo gravetos nas grades; os personagens afáveis para quem as ruas são uma espécie de clube, cumprimentando os carroceiros e dando informações sem que ninguém pedisse. E também havia cortejos fúnebres para os quais os homens, subitamente lembrados da mortalidade de seus próprios corpos, erguiam os chapéus. E então um senhor muito distinto desceu devagar os degraus diante de uma porta e parou para evitar uma colisão com uma senhora apressada que havia, de alguma maneira, adquirido um esplêndido casaco de pele e um buquê de violetas-de-parma. Todos pareciam isolados, absortos em si mesmos, cuidando da própria vida.

Nesse momento, como acontece com tanta frequência em Londres, houve uma completa pausa e suspensão no tráfego. Ninguém desceu a rua; ninguém atravessou. Uma folha se soltou do plátano no fim da rua e, nessa pausa e suspensão, caiu. De alguma maneira, foi como um sinalizador caindo, um sinalizador apontando para uma força nas coisas que havíamos deixado de notar. Ele parecia apontar para um rio que dobrava, invisível, a esquina, descia a rua, pegava as pessoas e carregava consigo, como o riacho em Oxbridge fizera com o estudante em seu barco e com as folhas mortas. Agora, estava trazendo de um lado a outro da rua, diagonalmente, uma moça com botas de couro e, depois, um rapaz com um sobretudo cor de vinho; estava trazendo também um táxi; e reuniu os três num ponto exatamente abaixo da minha janela; onde o táxi parou; e a moça e o rapaz pararam; e eles entraram no táxi; e o táxi saiu deslizando como se estivesse sendo levado pela correnteza para outro lugar.

A cena era bastante comum; o estranho era a qualidade rítmica que minha imaginação lhe dera; e o fato de que a cena comum de duas pessoas entrando num táxi tivera o poder de comunicar um pouco de sua aparente satisfação. A cena de duas pessoas descendo a rua e se encontrando na esquina parece aliviar uma tensão da mente, pensei eu, observando o táxi fazer a curva e desaparecer. Talvez pensar, como eu vinha pensando nestes últimos dois dias, em um sexo como separado do outro seja um esforço. Isso interfere na unidade da mente. Aquele esforço havia cessado e a unidade sido restaurada quando eu vira duas pessoas se encontrando e entrando num táxi. A mente decerto é um órgão muito misterioso, refleti, tirando minha cabeça da janela, sobre o qual nada é sabido, embora nós dependamos dele tão completamente. Por que eu sinto que existem separações e oposições na mente, assim como existem tensões com causas óbvias no corpo? O que quero dizer com "a unidade da mente"?, eu me perguntei, pois claramente a mente tem um poder tão grande de se concentrar em qualquer ponto a qualquer momento que ela não parece ter nenhum estado puro. Ela, por exemplo, consegue se separar das pessoas na rua e pensar em si mesma como diferente delas, numa janela do andar de cima, olhando-as lá em baixo. Ou consegue espontaneamente pensar junto com as outras pessoas, como, por exemplo, quando está numa multidão esperando que alguém leia uma notícia em voz alta. Consegue pensar no passado através de seus pais ou de suas mães, como eu disse que uma mulher que escreve pensa no passado através de suas mães. Volto a dizer que quem é mulher muitas vezes se surpreende com uma súbita divisão da consciência, quando, digamos, desce a Whitehall, e, de repente, em vez de ser a herdeira natural daquela civilização, ela se torna o contrário, alguém que está do lado de fora, estranha e crítica. Claramente, a mente está sempre alterando seu foco e colocando o mundo em perspectivas diferentes. Mas alguns desses estados mentais parecem menos confortáveis do que outros, mesmo quando assumidos de maneira espontânea. Para continuar neles, temos, inconscientemente, de impedir que algo se mostre e, aos poucos, essa repressão se torna um esforço. Mas talvez exista um estado mental no qual se pode continuar sem esforço, pois, nele, não é preciso impedir nada de se mostrar. E este, pensei eu, me afastando da janela, talvez seja um deles. Pois é certo que quando vi o casal entrar no táxi, minha mente pareceu, após ter estado dividida, se juntar de novo numa fusão natural. O motivo óbvio seria que é natural que os sexos cooperem. Eu tenho um instinto profundo, ainda que irracional, a favor da teoria de que a união do homem e da mulher traz a maior satisfação, a felicidade mais completa. Mas a cena das duas pessoas entrando no táxi e a satisfação que ela me deu também fez com que me perguntasse se existem dois sexos na mente correspondentes aos dois sexos do corpo, e se eles também precisam estar unidos para obter satisfação e felicidade completas. E comecei a fazer um esboço amador da alma no qual, em cada um de nós, dois poderes comandam, um masculino, outro feminino; e no cérebro do homem, o homem predomina sobre a mulher, enquanto no cérebro da mulher, a mulher predomina sobre o homem. O estado normal e confortável é quando os dois vivem em harmonia, cooperando espiritualmente. Se alguém é homem, ainda assim, a parte mulher de seu cérebro deve causar um efeito; e uma mulher também precisa se relacionar com o homem que há dentro dela. Coleridge talvez tenha querido dizer isso quando afirmou que as grandes mentes são andróginas. É quando essa fusão acontece que a mente está completamente fertilizada e usa todas as suas faculdades. Talvez uma mente puramente masculina não possa criar, e talvez o mesmo ocorra com uma mente puramente feminina, pensei. Mas seria bom testar o que queremos dizer com masculino-feminino e feminino-masculino examinando um ou dois livros.

Coleridge certamente não quis dizer, quando afirmou que as grandes mentes são andróginas, que estas são mentes com uma simpatia especial pelas mulheres; mentes que abraçam sua causa ou se dedicam à sua interpretação. Talvez a mente andrógina seja menos apta a marcar essas diferenças do que a mente de um sexo apenas. Ele quis dizer, acho, que as grandes mentes são ressoantes e porosas; que transmitem emoção sem impedimento; que são naturalmente criativas, incandescentes e indivisas. A ideia de uma mente andrógina e masculina-feminina nos faz lembrar da mente de Shakespeare, embora seja impossível dizer o que ele achava das mulheres. E se for verdade que uma das marcas da mente completamente desenvolvida é que ela não pensa nos sexos de maneira especial ou separada, como é mais difícil atingir essa condição agora do que jamais foi antes! Nesse momento eu cheguei aos livros de autores vivos e parei, me perguntando se esse fato não estaria na raiz de algo que há muito me intrigava. Nenhuma era foi tão estridentemente consciente do sexo quanto a nossa. Aqueles inúmeros livros sobre mulheres escritos por homens que há no Museu Britânico são uma prova disso. A culpa, sem dúvida, é da campanha pelo sufrágio feminino. Ela deve ter despertado nos homens um desejo extraordinário de autoafirmação; deve tê-los feito dar uma ênfase a seu próprio sexo e às características dele na qual eles não teriam se incomodado em pensar se não tivessem sido desafiados. E quando alguém é desafiado, mesmo por um punhado de mulheres de chapéu preto, essa pessoa, se nunca houver sido desafiada antes, retalia de maneira um pouco excessiva. Isso talvez explique algumas das características que eu me lembro de ter encontrado aqui, pensei eu, pegando um novo romance do sr. A, que está na flor da idade e que, aparentemente, causa uma impressão muito boa nos críticos. Eu o abri. Realmente, foi delicioso voltar a ler a escrita de um homem. Ela parecia tão direta e sem rodeios após a escrita das mulheres. Indicava tamanha liberdade de pensamento, tamanha independência corporal, tamanha autoconfiança. Eu tive uma sensação de bem-estar físico na presença dessa mente bem nutrida, bem instruída e livre, que nunca foi tolhida ou contrariada, mas teve independência total, desde o nascimento, para se alongar na direção que desejasse. Tudo isso era admirável. Mas, após um capítulo ou dois, uma sombra pareceu-me ter se espalhado sobre a página. Era uma barra reta e escura, uma sombra com o formato parecido com o da letra I.[93] Eu comecei a desviar para um lado e para o outro para vislumbrar a paisagem atrás dela. Não sabia se era uma árvore ou uma mulher caminhando. Mas minha atenção sempre voltava para a letra I. Comecei a ficar cansada dela. Não que esse I não fosse muito distinto; honesto e lógico; duro como uma pedra e bem polido por bons professores e uma boa alimentação. Eu respeito e admiro esse I do fundo do meu coração. Mas – nesse momento virei uma ou duas páginas, procurando alguma coisa – o pior é que à sombra da letra I, tudo ficou disforme como a névoa. Aquilo é uma árvore? Não, é uma mulher. Mas... ela não tinha nem um osso no corpo, pensei eu, observando Phoebe, pois esse era o nome dela, atravessando a praia. Então Alan se levantou e a sombra de Alan imediatamente obscureceu Phoebe. Pois Alan tinha opiniões e Phoebe ficou perdida em meio à enxurrada de suas opiniões. E Alan, pensei eu, tinha paixões; e então, virei página atrás de página bem depressa, sentindo que o clímax estava se aproximando; e estava mesmo. Ele ocorreu na praia, sob o sol. Foi feito de maneira muito franca. Muito vigorosa. Nada poderia ter sido mais indecente. Mas... eu havia dito "mas" vezes demais. É impossível dizer "mas" sem parar. É preciso

93 "I" significa "eu" em inglês.

terminar a frase de alguma forma, disse eu, ralhando comigo mesma. Preciso terminar dizendo: "Mas... eu estou entediada!" Mas por que estava entediada? Em parte por causa da predominância da letra I e da aridez que ela, como a bétula gigante, faz surgir em sua sombra. Nada cresce ali. E, em parte, devido a alguma razão mais obscura. Parecia haver algum obstáculo, algum impedimento na mente do sr. A que bloqueava a fonte de energia criativa e a cerceava num espaço pequeno. E quando eu me lembrei, num só jato, do almoço em Oxbridge, da cinza do cigarro, do gato manx e de Tennyson e Christina Rossetti, pareceu-me possível que o impedimento estivesse ali. Como ele não murmura mais "caiu uma lágrima esplêndida da flor de maracujá no portão" quando Phoebe atravessa a praia e ela não responde mais "meu coração é como um pássaro que canta cujo ninho fica num broto orvalhado" quando Alan se aproxima, o que ele pode fazer? Sendo honesto como o dia e lógico como o sol, só há uma coisa que pode fazer. E, para fazer-lhe justiça, é isso o que faz, uma, duas (disse eu, virando as páginas), inúmeras vezes. E isso, acrescentei, ciente da natureza terrível da confissão, parece um pouco enfadonho. A indecência de Shakespeare desenterra mil outras coisas na nossa mente e ela está longe de ser enfadonha. Mas Shakespeare faz isso por prazer; o sr. A, como dizem as babás, faz de propósito. Ele faz em protesto. Ao protestar contra a igualdade do outro sexo, está afirmando sua própria superioridade. Está, portanto, impedido, inibido e consciente de si mesmo como Shakespeare talvez fosse também, se houvesse conhecido a srta. Clough e a srta. Davies.[94] Sem dúvida, a literatura elisabetana seria muito diferente do que é se o movimento pelos direitos das mulheres houvesse surgido no século XVI e não no século XIX.

Portanto, o que isso significa, se essa teoria dos dois lados do cérebro for correta, é que a virilidade agora passou a ter consciência de si mesma – ou seja, os homens agora estão escrevendo apenas com o lado masculino de seus cérebros. É um erro para uma mulher lê-los, pois ela inevitavelmente irá procurar por algo que não encontrará. É do poder de instigar que mais sentimos falta, eu pensei, pegando sr. B, o crítico, e lendo, de maneira muito cuidadosa e obediente, os seus comentários sobre a arte da poesia. Eles eram muito hábeis, perspicazes e eruditos; mas o problema é que seus sentimentos não conseguiam mais ser comunicados; sua mente parecia dividida em câmaras separadas; nenhum som passava de uma para outra. Assim, quando levamos uma frase do sr. B à nossa mente, ela cai direto no chão – morta; mas quando levamos uma frase de Coleridge à mente, ela explode e gera diversas outras ideias, e esse é o único tipo de escrita que podemos dizer que tem o segredo da vida eterna.

---

94 Anne Jemima Clough (1820–1892), educadora inglesa que foi diretora da faculdade Newnham e fez campanhas pela educação feminina. Emily Davis (1830–1921), sufragista que ajudou a fundar a faculdade Girton.

Mas, qualquer que seja o motivo, é um fato sem dúvida deplorável. Pois isso significa – nesse momento eu chegara a prateleiras cheias de livros do sr. Galsworthy[95] e do sr. Kipling – que algumas das obras mais belas dos nossos maiores autores vivos serão ignoradas. Por mais que insista, uma mulher não conseguirá encontrar ali aquela fonte de vida eterna que os críticos lhe asseguram que elas possuem. A questão não é apenas que esses livros celebrem virtudes masculinas, reforcem valores masculinos e descrevam o mundo dos homens; é que a emoção que os permeia é incompreensível para uma mulher. Está chegando, está ganhando força, está prestes a explodir sobre a minha cabeça, nós começamos a dizer bem antes do fim. Aquele retrato irá cair na cabeça do velho Jolyon;[96] a pancada irá matá-lo; o velho criado irá falar duas ou três palavras em sua homenagem no velório; e todos os cisnes do Tâmisa começarão a cantar simultaneamente. Mas, antes que isso aconteça, eu vou sair correndo e vou me esconder nos arbustos, pois a emoção que é tão profunda, tão sutil, tão simbólica para um homem deixa uma mulher perplexa. O mesmo acontece com os oficiais do sr. Kipling que dão as costas para a batalha; e seus Camponeses que plantam a Semente; e seus Homens que

95 John Galsworthy (1867–1933), escritor inglês que ganhou o premio Nobel em 1932 e cuja obra Woolf criticara no ensaio "A ficção moderna", publicado em 1925.

96 O velho Jolyon é o patriarca da família Forsyte, retratada por Galsworthy em diversos romances.

estão a sós com seu Trabalho; e sua Bandeira... eu enrubesço diante de todas essas letras maiúsculas como se houvesse sido flagrada espiando uma orgia puramente masculina. O fato é que nem o sr. Galsworthy nem o sr. Kipling têm um pingo de feminino dentro de si. Assim, todas as suas qualidades parecem para as mulheres, se podemos generalizar, grosseiras e imaturas. Eles não têm o poder de instigar. E quando o livro não tem o poder de instigar, por mais que ele atinja a superfície da mente com força, não consegue penetrá-la.

E, naquela inquietação que sentimos quando tiramos livros da estante e devolvemos sem olhar, eu comecei a imaginar uma era futura de virilidade pura e arrogante, tal como aquela que as cartas dos professores parecem augurar (pensem nas cartas de sir Walter Raleigh, por exemplo)[97] e que os governantes da Itália já fizeram acontecer. Pois, em Roma, é quase impossível não se impressionar com a sensação de masculinidade irrestrita; e, qualquer que seja o valor da masculinidade irrestrita para o Estado, pode-se questionar o seu efeito sobre a arte da poesia. De qualquer maneira, de acordo com os jornais, há uma certa ansiedade sobre a ficção na Itália. Aconteceu um encontro de acadêmicos italianos cujo objetivo foi "desenvolver o romance italiano." "Homens que são famosos de nascença, ou que são do ramo das finanças ou da indústria ou que pertencem a corporações fascistas" se reuniram no

---

97 Woolf não se refere ao famoso explorador, mas a sir Walter Alexander Raleigh (1861–1922), o crítico e ensaísta escocês.

outro dia e discutiram a questão; e um telegrama foi enviado ao Duce[98] expressando a esperança de que "a era fascista logo gerasse um poeta digno dela." Todos podemos ter essa esperança piedosa, mas é duvidoso que a poesia possa sair de um incubador. A poesia precisa ter mãe além de pai. Faz sentido temer que o poema fascista seja uma horrível criancinha abortada, como aquelas exibidas em jarros de vidro nos museus das cidades pequenas. Dizem que tais monstros nunca vivem muito; nunca se viu um prodígio desse tipo cortando feno nos campos. Duas cabeças num só corpo não levam a uma vida longa.

No entanto, a culpa por tudo isso, se estivermos ansiosos para apontar um culpado, não é mais de um sexo do que de outro. Todos os sedutores e reformistas são responsáveis: lady Bessborough quando mentiu para lorde Granville; a srta. Davies quando disse a verdade para o sr. Greg. Todos aqueles que fizeram surgir esse estado de consciência do sexo são culpados e, quando eu desejo ampliar minhas faculdades mentais com um livro, são eles que me levam a procurar por um que tenha sido escrito durante aquela era feliz antes de a srta. Davies e a srta. Clough nascerem, na qual o escritor usava os dois lados da mente igualmente. É preciso voltar-se para Shakespeare, então, pois Shakespeare era andrógino; assim como Keats, Sterne, Cowper, Lamb e Coleridge. Shelley talvez não tivesse sexo. Milton e Ben Johnson talvez tivessem uma pitada de masculi-

98 Referência a Benito Mussolini.

nidade em excesso. Assim como Wordsworth e Tolstói. Na nossa época, Proust foi completamente andrógino, se não um pouco feminino demais. Mas esse defeito é demasiado raro para que reclamemos dele, já que, sem uma mistura do tipo, o intelecto parece predominar, e as outras faculdades mentais parecem se tornar rijas e inférteis. No entanto, eu me consolei com a reflexão de que essa talvez seja uma fase passageira; muito do que eu disse em obediência à minha promessa de lhes apresentar o fluxo dos meus pensamentos irá parecer antiquado; muito do que se acende aos meus olhos parecerá duvidoso a vocês, que ainda são menores de idade.

Mesmo assim, a primeira frase que gostaria de escrever aqui, disse eu, indo até a escrivaninha e pegando a página com o título "As mulheres e a ficção", é que é fatal para qualquer pessoa que escreve pensar em seu sexo. É fatal ser homem ou mulher, pura e simplesmente; é preciso ser feminino-masculino ou masculino-feminino. É fatal para uma mulher dar a menor ênfase a qualquer lamento; defender qualquer causa, por mais justa que seja; e, ao falar, demonstrar de qualquer forma a consciência de ser mulher. E fatal não é maneira de dizer, porque qualquer coisa escrita com esse preconceito consciente está fadada à morte. Ela deixa de ser fértil. Por mais brilhante e eficaz, poderosa e magistral que possa parecer por um ou dois dias, murchará ao cair da noite; não crescerá nas mentes dos outros. Alguma colaboração tem de ocorrer na mente entre a mulher e o homem antes que a arte da criação seja realizada. Algum casamento de opostos tem de ser consumado. A mente inteira tem de se abrir se nós formos ter a sensação de que o escritor está comunicando sua experiência de maneira completa. É preciso haver liberdade e é preciso haver paz. Nenhuma engrenagem pode ranger, nenhuma luz pode piscar. As cortinas precisam estar bem fechadas. O escritor, pensei eu, quando a experiência acabar, precisa se recostar e deixar que sua mente celebre essa união na escuridão. Ele não pode olhar ou questionar o que está sendo feito. Ao contrário, deve arrancar as pétalas de uma rosa ou observar os cisnes deslizarem calmamente rio abaixo. E eu voltei a ver a correnteza que levou o barco, o estudante e as folhas mortas; e pensei, vendo-os se encontrar do outro lado da rua: o táxi levou o homem e a mulher; e a correnteza os carregou, pensei, ouvindo ao longe o rugido do tráfego de Londres, para dentro daquele rio tremendo.

Aqui, então, Mary Beaton para de falar. Ela lhes contou como chegou à conclusão – à prosaica conclusão – de que é necessário ter quinhentas libras por ano e um quarto com uma tranca na porta se você quiser escrever ficção ou poesia. Ela tentou por a nu os pensamentos e impressões que a levaram a pensar isso. Pediu que vocês viessem com ela enquanto voava para os braços de um bedel, almoçava aqui, jantava acolá, fazia desenhos no Museu Britânico, tirava livros da estante, olhava pela janela. Enquanto Mary Beaton fazia todas essas coisas, vocês, sem dúvida, estavam observando seus defeitos e falhas e decidindo que efeito eles causaram nas opiniões dela. Estavam contradizendo-a e fazendo quaisquer acréscimos e deduções que lhes pareceram adequados. É assim que deve ser, pois, numa questão como essa, só se obtém a verdade dispondo lado a lado muitas variedades de erros. E eu agora irei concluir respondendo de antemão a duas críticas, tão óbvias que vocês dificilmente deixarão de fazê-las.

Vocês poderão dizer que nenhuma opinião foi expressada acerca dos méritos comparativos dos sexos, nem sequer como escritores. Isso foi feito de propósito, pois, mesmo se houvesse chegado a hora de tal avaliação – e, no momento, é muito mais importante saber quanto dinheiro e quantos quartos as mulheres têm do que teorizar sobre suas capacidades – mesmo se essa hora houvesse chegado, eu não acredito que dádivas, sejam mentais ou de caráter, possam ser pesadas como açúcar e manteiga, nem sequer em Cambridge, onde eles são especialistas em classificar as pessoas e colocar capelos em suas cabeças e letras após os seus nomes.[99] Eu não acredito que nem mesmo a Tabela de Precedência[100] que vocês encontrarão no *Almanaque Whitaker* representa uma ordem definitiva de valores, ou que haja um motivo racional para um Cavaleiro da

[99] O capelo é uma pequena capa ou murça usada sobre os ombros pelos doutores em cerimônias acadêmicas e solenidades. Na Grã-Bretanha, é comum que pessoas de determinadas profissões ou que tenham recebido determinadas honrarias passem a ter seus nomes seguidos de iniciais que indiquem essa condição.

[100] A Tabela de Precedência indica em que ordem pessoas com diferentes títulos devem entrar, sair e se sentar num recinto.

Ordem do Banho entrar na sala de jantar após um Mestre da Insânia.[101] Toda essa mania de jogar sexo contra sexo, de comparar qualidade com qualidade; toda essa mania de afirmar sua superioridade e imputar inferioridade aos outros pertence ao estágio escolar da existência humana, onde existem "lados" e é necessário que um lado ganhe do outro e muitíssimo importante andar até uma plataforma e receber das mãos do diretor um vaso altamente ornamental. Conforme as pessoas amadurecem, elas deixam de acreditar em lados, em diretores ou em vasos altamente ornamentais. De qualquer maneira, no que diz respeito aos livros, é notoriamente difícil colocar rótulos de mérito de maneira que eles não descolem. Por acaso os críticos da literatura atual não são uma ilustração perpétua da dificuldade de julgar? "Esse livro excelente", "esse livro imprestável"; o mesmo livro é descrito de ambas as maneiras. Tanto os elogios quanto os insultos não significam nada. Não, por mais delicioso que seja o passatempo de medir, ele é a mais fútil de todas as ocupações; e se submeter aos decretos dos medidores é a mais servil das atitudes. Enquanto você escrever o que deseja escrever, isso é tudo que importa; e se importará durante séculos ou apenas durante horas,

101 A Ordem do Banho é uma ordem de cavalaria britânica criada no século XVIII. O nome vem da cerimônia que sagrava cavaleiros na Idade Média e que incluía um banho, símbolo de purificação. O Mestre da Insânia (Master of Lunacy) era uma autoridade nomeada para cuidar dos doentes mentais do Reino Unido. O cargo existiu entre 1825 e 1913.

é impossível dizer. Mas sacrificar um fio de cabelo ou uma das cores da sua visão em deferência a algum diretor com um vaso de prata na mão ou a algum professor com uma régua escondida na manga é a mais abjeta traição, e o sacrifício da riqueza e da castidade que costumavam dizer ser o maior dos desastres humanos é uma mera mordida de pulga se comparado com ela.

A seguir, acho que vocês talvez argumentem que, em tudo isso, eu dei importância demais a coisas materiais. Mesmo admitindo uma margem larga para o simbolismo e dizendo que quinhentas libras por ano significam o poder de contemplar e que uma tranca na porta significa o poder de pensar por nós mesmas, vocês ainda podem afirmar que a mente deveria estar acima dessas coisas; e que grandes poetas com frequência foram homens pobres. Deixem-me, então, citar o seu próprio professor de literatura, que sabe melhor do que eu o que é necessário para fazer um poeta. Sir Arthur Quiller-Couch[102] escreveu:

> Quais são os grandes poetas dos últimos cem anos? Coleridge, Wordsworth, Byron, Shelley, Landor, Keats, Tennyson, Browning, Arnold, Morris, Rossetti, Swinburne[103] – podemos parar aí. Desses,

---

102 Arthur Quiller-Couch (1863–1944), escritor e crítico, foi professor de literatura inglesa em Cambridge de 1912 até sua morte.

103 Walter Savage Landor (1775–1864), poeta inglês. Matthew Arnold (1822–1888), poeta inglês. William Morris (1834–1896), poeta e designer inglês. Dante Gabriel Rossetti (1828–1882),

todos, com exceção de Keats, Browning e Rossetti, estudaram em uma universidade; e desses três, Keats, que morreu jovem, na flor da idade, era o único que não tinha condições financeiras razoáveis. Pode parecer algo brutal de se dizer e é algo triste de se dizer: mas o fato incontornável é que não é muito verdadeira a teoria de que a genialidade poética sopra onde quer e de maneira igual entre ricos e pobres. O fato incontornável é que nove desses doze estudaram em uma universidade: o que significa que, de alguma maneira, conseguiram ter a melhor educação que a Inglaterra pode oferecer. O fato incontornável é que, dos outros três, vocês sabem que Browning tinha boas condições financeiras e eu garanto que, se não tivesse, não teria conseguido escrever "Saul" ou "O anel e o livro", assim como Ruskin não teria conseguido escrever *Pintores modernos* se seu pai não houvesse sido um próspero homem de negócios. Rossetti tinha uma pequena renda fixa; e, além do mais, ele pintava. Resta apenas Keats; a quem Átropos matou cedo, assim como matou John Clare num asilo de loucos e James Thomson[104] com o láudano que ele tomava para embotar a decepção. São fa-

---

poeta e pintor inglês, irmão da poeta Christina Rossetti, que Woolf citou anteriormente.

104 John Clare (1793–1864), poeta inglês que foi internado num asilo em 1841 e ficou lá até a morte. James Thomson (1834–1882), poeta escocês que sofreu com o vício e a depressão.

166

tos terríveis, mas nós precisamos encará-los. Por mais desonroso que isso seja para a nossa nação, é certo que, devido a alguma falha na nossa comunidade, o poeta pobre, hoje em dia e nos últimos duzentos anos, tem menos chances do que um cão. Acreditem em mim – eu passei quase dez anos observando cerca de trezentas e vinte escolas primárias. Nós podemos nos jactar de termos uma democracia, mas, na verdade, uma criança pobre na Inglaterra não tem muito mais esperança do que o filho de um escravo ateniense de ser emancipada para aquela liberdade intelectual da qual nascem os grandes escritores.[105]

Ninguém teria sido capaz de explicar com mais clareza. "[...] o poeta pobre, hoje em dia e nos últimos duzentos anos, tem menos chances do que um cão." "[...] uma criança pobre na Inglaterra não tem muito mais esperança do que o filho de um escravo ateniense de ser emancipada para aquela liberdade intelectual da qual nascem os grandes escritores." É isso. A liberdade intelectual depende de coisas materiais. A poesia depende da liberdade intelectual. E as mulheres sempre foram pobres, não apenas nos últimos duzentos anos, mas desde o início dos tempos. As mulheres tiveram menos liberdade intelectual do que os filhos dos escravos atenienses. As mulheres, portanto,

---

[105] *The Art of Writing* [A arte de escrever], de sir Arthur Quiller-Couch. (N. da A.)

tiveram menos chance de escrever poesia do que um cão. É por isso que eu dei tanta ênfase ao dinheiro e a um quarto só seu. No entanto, graças aos esforços daquelas mulheres obscuras do passado, sobre quem gostaria que soubéssemos mais, graças, curiosamente, a duas guerras, a guerra da Crimeia que permitiu que Florence Nightingale deixasse sua sala de estar e a Grande Guerra, que abriu as portas para a mulher média cerca de sessenta anos mais tarde, esses males estão em vias de ser melhorados. Se não estivessem, vocês não estariam aqui esta noite e sua chance de ganhar quinhentas libras por ano, por mais precária que temo que ainda seja, seria minúscula ao extremo.

Ainda assim, talvez vocês argumentem, por que você dá tanta importância ao fato de as mulheres escreverem livros quando, de acordo com você, isso requer tanto esforço, talvez leve ao assassinato de uma tia, quase com certeza nos fará chegar atrasadas ao almoço e poderá causar discussões muito sérias com acadêmicos muito bons? Minhas razões, eu admito, são um pouco egoístas. Como a maioria das mulheres inglesas sem instrução, eu gosto de ler – gosto de ler montanhas de livros. Ultimamente, minha dieta tem sido um pouco monótona: os livros de história falam demais sobre guerras; as biografias, demais sobre grandes homens; a poesia tem demonstrado, acho, uma tendência à esterilidade; e a ficção – mas eu já expus suficientemente meus defeitos enquanto crítica da ficção moderna e não falarei mais sobre ela. Portanto, gostaria de lhes pedir que escrevessem livros, sem hesitar diante de nenhum assunto, por mais trivial ou vasto que seja. De um jeito ou de outro, eu espero que vocês obtenham dinheiro suficiente para viajar e ficar sem fazer nada, para contemplar o futuro ou o passado do mundo, para sonhar com livros e vadiar nas esquinas e deixar que a linha do pensamento mergulhe fundo no riacho. Pois não desejo, de jeito nenhum, que se atenham à ficção. Se quiserem me agradar – e existem milhares de outras como eu –, vocês irão escrever livros de viagem, de aventura, de pesquisa e de história, biografias, livros de crítica, de filosofia e de ciência. Fazendo isso, certamente ajudarão a arte da ficção. Pois os livros tendem a influenciar uns aos outros. A ficção ficará muito melhor se colocar-se lado a lado com a poesia e a filosofia. Além do mais, se vocês pensarem em qualquer figura ilustre do passado, como Safo, Murasaki Shikibu[106] e Emily Brontë, descobrirão que ela é uma herdeira além de uma originadora, e surgiu porque as mulheres adquiriram o hábito de escrever naturalmente; de maneira que até mesmo como um prelúdio à poesia, tal atividade de sua parte será inestimável.

Mas, quando eu releio essas anotações e critico minha própria associação de ideias conforme ela foi ocorrendo, descubro que minhas razões não são inteiramente egoístas. Por esses comentários e digressões, corre a convicção – ou será o instinto? – de que bons livros são desejáveis e de que bons escritores, mesmo

---

106 Murasaki Shikibu (973?-1025?) foi uma escritora japonesa que muitos acreditam ter escrito o primeiro romance do mundo.

se mostrarem todas as variedades da depravação humana, ainda assim são boas pessoas. Portanto, quando eu peço a vocês que escrevam mais livros, estou instando-as a fazer algo que será para o seu próprio bem e para o bem do mundo como um todo. Como justificar esse instinto ou crença eu não sei, pois palavras filosóficas tendem a fazer desfeitas a quem não estudou numa universidade. O que significa "realidade"? Parece-me que é algo muito errático, muito pouco confiável – ora a ser encontrado numa estrada poeirenta, ora num pedaço de jornal na rua, ora num narciso ao sol. A realidade ilumina um grupo numa sala e estampa palavras casuais. Ela nos inunda quando estamos caminhando de volta para casa sob as estrelas e faz com que o mundo do silêncio se torne mais real do que o mundo da fala – e ali está ela de novo, num ônibus em meio à balbúrdia do Piccadilly. Às vezes, ela também parece existir em formas que estão distantes demais para discernirmos qual é sua natureza. Mas, o que quer que toque, ela fixa e torna permanente. É isso que resta quando a pele do dia foi atirada na sebe; é isso que resta do passado e dos nossos amores e ódios. Mas eu acredito que o escritor tem a chance de viver na presença dessa realidade por mais tempo do que as outras pessoas. O que ele deve fazer é encontrá-la, pegá-la e comunica-la para nós. Ao menos, é isso que deduzi lendo *O rei Lear*, ou *Emma* ou *Em busca do tempo perdido*. Pois a leitura desses livros parece causar um curioso germinar dos sentidos; depois, nós vemos mais intensamente; o mundo parece se desnudar de sua cobertura e ganhar uma vida mais intensa. Essas são as pessoas invejáveis que vivem alheias à não realidade; e aquelas são as dignas de pena, nocauteadas pelos fatos sem perceber nem se importar. De modo que, quando eu lhes peço que ganhem dinheiro e tenham um quarto só seu, estou lhes pedindo para viver na presença da realidade – uma vida revigorante, aparentemente, quer consigamos compartilhá-la, quer não.

Eu gostaria de parar aqui, mas, de acordo com a convenção, todo discurso deve terminar de maneira grandiosa. E acredito que vocês irão concordar que uma conclusão dirigida às mulheres deve conter algo de particularmente sublime e enobrecedor. Eu deveria implorar-lhes que se lembrem de suas responsabilidades, que sejam mais dignas, mais espirituais; deveria lembrar-lhes do quanto depende de vocês e da influência que podem exercer sobre o futuro. Mas acho que essas exortações podem ser deixadas a cargo do outro sexo, que irão fazê-las, e na verdade já as fizeram, com muito mais eloquência do que eu seria capaz de demonstrar. Quando vasculho minha própria mente, não encontro nenhum sentimento nobre que diga respeito a ser uma companheira, ser uma igual e influenciar o mundo a ter propósitos mais elevados. Assim, acabarei dizendo, de maneira breve e prosaica, que é muito mais importante ser você mesma do que qualquer outra coisa. Não sonhem em influenciar outras pessoas, eu diria, se soubesse como fazer isso soar glorioso. Pensem nas coisas em si.

Mais uma vez eu me lembro, folheando jornais, romances e biografias, que quando uma mulher dá uma palestra para outras mulheres, ela deve ter algo bastante desagradável na manga. As mulheres são duras com as mulheres. As mulheres não gostam das mulheres. As mulheres... mas vocês não estão mortas de cansaço dessa palavra? Eu certamente estou. Concordemos, então, que um discurso lido por uma mulher para mulheres deve terminar com algo particularmente desagradável.

Mas o que vai ser? No que eu posso pensar? A verdade é que com frequência gosto das mulheres. Gosto do fato de não serem convencionais. Gosto de sua completude. De seu anonimato. Gosto... mas não posso continuar a falar essas coisas. Aquele armário ali – vocês disseram que ali há apenas guardanapos limpos; mas e se sir Archibald Bodkin[107] estiver escondido entre eles? Portanto, deixem-me adotar um tom mais severo. Será que eu, nas minhas palavras anteriores, comuniquei a vocês suficientemente bem os alertas e a reprovação dos homens? Contei-lhes qual era a opinião muito negativa que o sr. Oscar Browning tinha de vocês. Indiquei o que Napoleão pensava de vocês e o que Mussolini pensa agora. E, caso desejem escrever ficção, copiei para o seu bem o conselho do crítico sobre reconhecer corajosamente as limitações do seu sexo. Fiz referências ao professor X e dei proeminência à afirmação

107 Sir Archibald Bodkin (1862–1957) foi diretor de processos públicos do Reino Unido entre 1920 e 1930 e ficou conhecido particularmente por sua campanha contra literatura considerada obscena. Ele baniu *Ulisses*, de James Joyce, e *O poço da solidão*.

dele de que as mulheres são intelectualmente, moralmente e fisicamente inferiores aos homens. Entreguei a vocês tudo o que surgiu no meu caminho sem que eu procurasse; e aqui vai um alerta final do sr. John Langdon Davies.[108] Davies avisa às mulheres que "quando as crianças deixam de ser inteiramente desejáveis, as mulheres deixam de ser inteiramente necessárias." Espero que vocês anotem isso.

O que mais posso dizer para encorajá-las a seguir com a sua vida? Jovens mulheres, eu diria – e, por favor, prestem atenção, pois a conclusão do discurso está começando –, vocês são, na minha opinião, desgraçadamente ignorantes. Nunca fizeram nenhuma descoberta importante. Nunca aterrorizaram um império ou comandaram um exército. As peças de Shakespeare não foram escritas por vocês e vocês nunca levaram a uma raça bárbara as bênçãos da civilização. Qual é a sua desculpa? Vocês podem dizer, apontando para as ruas, praças e florestas do mundo, pululando de habitantes negros, brancos e cor de café, todos ocupados em comprar, vender, construir e fazer amor, nós tínhamos outra tarefa em nossas mãos. Sem nós, esses mares não haveriam sido navegados e essas terras férteis seriam apenas desertos. Nós parimos, criamos, lavamos e ensinamos, talvez até os seis ou sete anos, todos os um bilhão e seiscentos e vinte e três milhões de seres humanos que, de acordo com as estatísticas, existem

---

108 *A Short History of Women* [Uma breve história das mulheres], de John Langdon Davies. (N. da A.)

atualmente; e, mesmo considerando-se que algumas tiveram ajuda, isso leva tempo.

É verdade o que vocês dizem – eu não vou negar. Mas, ao mesmo tempo, devo lembrar a vocês que existem pelo menos duas faculdades para mulheres na Inglaterra desde o ano de 1866; que, desde o ano de 1880, uma mulher casada pode, por lei, ser dona do que lhe pertence; e que em 1919 – nove anos inteiros atrás – ela passou a poder votar? Devo lembrar também que a maioria das profissões está aberta para vocês há quase dez anos? Quando vocês refletirem sobre esses privilégios imensos, sobre há quanto tempo eles são desfrutados e sobre o fato de que, neste momento, devem existir cerca de duas mil mulheres capazes de ganhar quinhentas libras por ano de uma maneira ou de outra, decerto concordarão que a desculpa da falta de oportunidade, treinamento, encorajamento, ócio e dinheiro já não serve. Além disso, os economistas estão nos dizendo que a sra. Seton teve filhos demais. Vocês, é claro, devem continuar a ter filhos; mas dois ou três, não dez ou doze.

Assim, com algum tempo e alguns fatos aprendidos nos livros – sobre os de outro tipo vocês já sabem bastante, e desconfio que, em parte, tenham sido mandadas para a faculdade para desaprendê-los –, decerto vocês deveriam embarcar em mais um estágio de sua carreira muito longa, muito laboriosa e altamente obscura. Mil penas estão prontas para sugerir o que devem fazer e o efeito que irão causar. Minha própria sugestão é um pouco irreal, eu admito; prefiro, portanto, colocá-la no formato de ficção.

Ao longo dessa palestra, eu contei a vocês que Shakespeare tinha uma irmã; mas não procurem por ela na biografia que sir Sidney Lee[109] escreveu sobre o poeta. Ela morreu jovem – infelizmente, nunca escreveu uma palavra. Está enterrada no lugar onde agora os ônibus param, diante de Elephant and Castle. Eu acredito que essa poeta que nunca escreveu uma palavra e foi enterrada na encruzilhada ainda está viva. Ela vive em vocês, em mim e em muitas mulheres que não estão aqui esta noite, pois estão lavando a louça e colocando as crianças na cama. Mas está viva; pois os grandes poetas não morrem; são presenças que continuam; só precisam da oportunidade de caminhar, em carne e osso, entre nós. Eu acho que agora vocês estão próximas de ganhar o poder de dar a ela essa oportunidade. Pois acredito que, se vivermos mais cerca de um século – estou falando da vida comum que é a vida real, e não das pequenas vidas separadas que levamos como indivíduos – e tivermos, cada uma de nós, quinhentas libras por ano e quartos só nossos; se tivermos o hábito da liberdade e a coragem de escrever exatamente o que quisermos; se escaparmos um pouco da sala de estar comum e virmos seres humanos nem sempre em relação uns aos outros, mas em relação à realidade; e o céu também, e as árvores e o que quer que seja, por si mesmas; se olharmos para além do bicho-papão

---

109 Sir Sidney Lee (1859–1926) foi um grande estudioso de Shakespeare e publicou, em 1898, uma famosa biografia dele *The Life of William Shakespeare* [A vida de William Shakespeare].

de Milton, pois nenhum ser humano deve fechar a janela para a paisagem; se encararmos o fato, pois é um fato, de que não existe um braço no qual se apoiar, mas que seguimos sozinhos e de que nossa relação é com o mundo da realidade e não com o mundo dos homens e das mulheres, então a oportunidade surgirá e a poeta morta que foi a irmã de Shakespeare irá vestir o corpo que já despiu tantas vezes. Extraindo vida das vidas desconhecidas que vieram antes, como seu irmão fez, ela nascerá. Quanto à ideia de ela vir sem essa preparação, sem esse esforço da nossa parte, sem essa determinação de que, quando ela nascer de novo, descobrirá que é possível viver e escrever sua poesia, isso nós não podemos esperar, pois seria impossível. Mas eu volto a afirmar que ela viria se nós trabalhássemos por ela e, por isso, trabalhar, mesmo na pobreza e na obscuridade, vale a pena.

OS TRÊS ENSAIOS A SEGUIR foram incluídos na coletânea *O leitor comum*, publicada por Virginia Woolf em 1925. Nesse livro, havia somente ensaios sobre literatura e escritores. Seu título foi extraído por Woolf de uma citação de Samuel Johnson: "Eu me regozijo de concordar com o leitor comum; pois é através do bom senso dos leitores, não corrompido por preconceitos literários e além de todos os refinamentos da sutileza e do dogmatismo do conhecimento, que deve, afinal, ser decidido se existe qualquer direito às honrarias poéticas." Virginia Woolf, nesses três ensaios, se coloca não como crítica literária profissional, mas como leitora comum e apaixonada pelas "quatro grandes romancistas" que viria a discutir em *Um quarto só seu*.

Jane
Austen

—

(AS NOTAS DA EDIÇÃO são da tradutora, exceto as que estão indicadas como N. da A., da autora.)

É provável que, se houvesse sido cumprida a vontade da srta. Cassandra Austen, nós não tivéssemos nada de Jane Austen com exceção de seus romances. Era apenas para a irmã mais velha que Jane Austen escrevia livremente; apenas a ela que confidenciou suas esperanças e, se o boato for verdade, a única grande decepção de sua vida. Mas, quando a srta. Cassandra Austen ficou velha e o aumento da fama da irmã a fez suspeitar que talvez chegasse uma época em que estranhos iriam bisbilhotar e estudiosos, especular, ela queimou, com grande dificuldade pessoal, todas as cartas que poderiam saciar sua curiosidade, poupando apenas aquelas que julgou triviais demais para causar interesse.[1]

Portanto, tudo o que sabemos sobre Jane Austen foi extraído de alguns boatos, de poucas cartas e de seus livros. Mas os boatos que sobrevivem à própria época nunca são desprezíveis; basta rearranjá-los um pouco e

---

1 Cassandra Austen (1773–1845) era a pessoa mais próxima de Jane Austen e faleceu quase trinta anos após a irmã escritora. Antes de sua morte, Cassandra queimou algumas das cartas de Jane que guardara e distribuiu o restante entre os seus mais de trinta sobrinhos, com partes cortadas e rasuradas. Existem 161 cartas de Jane Austen, a maioria delas para Cassandra, mas como elas praticamente só tratam de temas triviais e como não há cartas durante os períodos mais turbulentos das vidas das irmãs, acredita-se que o objetivo de Cassandra tenha sido impedir que o público em geral tivesse muitas informações sobre Jane, cuja fama estava se consolidando à época de sua morte.

eles se adequam admiravelmente bem aos nossos propósitos. Por exemplo, Jane "não é nada bonita e é muito amaneirada, não parecendo uma menina de doze anos" e "Jane é caprichosa e afetada", diz a pequena Philadelphia Austen sobre a prima.[2] Depois, temos a sra. Mitford, que conheceu as irmãs Austen quando elas eram crianças e achava Jane "a mais bonita, mais boba, mais afetada borboleta caça-maridos de que se lembrava." A seguir, temos a amiga anônima da sra. Mitford, "que a visita agora [e] diz que ela enrijeceu e virou a solteirona mais perpendicular, precisa e taciturna que já existiu e que, até *Orgulho e preconceito* mostrar a joia preciosa que estava oculta naquela caixa rígida, tinha a mesma importância nos salões de um atiçador de fogo ou de uma tela de lareira [...]. O caso é bem diferente agora", continua a boa senhora; "ela continua a ser um atiçador – mas um atiçador de quem toda a gente sente medo. [...] uma mulher espirituosa, uma delineadora de caráter que não fala nada é realmente aterradora!"[3] Do outro lado, é claro, es-

2 Philadelphia Austen era uma prima de primeiro grau de Jane Austen. As citações são tiradas de duas cartas que ela escreveu para o irmão após conhecer Jane e Cassandra em julho de 1788. Os trechos das cartas foram incluídos numa biografia de Jane Austen escrita por um sobrinho-neto e um sobrinho-bisneto dela, Richard Arthur Austen-Leigh e William Austen-Leigh, e publicada em 1913 com o título *Jane Austen: Her Life and Letters. A Family Record* [Jane Austen: Sua vida e suas cartas. Um registro de família].

3 A sra. Mitford era a mãe da escritora Mary Russell Mitford e a amiga anônima, mais tarde identificada como sendo Jane

tão os Austen, uma raça não muito afeita a panegíricos sobre si próprios, mas que, ainda assim, eles afirmam que os irmãos de Jane Austen "a amavam muito e sentiam muito orgulho dela. Eram afeiçoados a ela por seus talentos, suas virtudes e seus modos cativantes, e cada um, mais tarde, gostava de imaginar que em alguma sobrinha ou filha havia uma semelhança à sua querida irmã Jane, cuja perfeita igual, no entanto, jamais esperavam encontrar."[4] Encantadora, porém perpendicular, amada em casa, porém temida por estranhos, com a língua mordaz e o coração afetuoso – esses contrastes não são, de forma alguma, incompatíveis e, quando nos voltarmos para os romances, ali também vamos nos deparar com as mesmas complexidades na escritora.

Para começar, a menininha amaneirada que Philadelphia achou que não se parecia nada com uma criança de doze anos, caprichosa e afetada, logo se tornaria autora de uma história espantosa e nada infantil, "Amor e amizade," que, por incrível que pareça, foi escrita aos quinze anos de idade.[5] Ela foi escrita,

---

Hinton, era uma vizinha de Jane Austen. Mary Russell Mitford registrou as duas opiniões sobre Jane Austen em uma carta de 1815 que foi publicada em 1870.

4 Trecho extraído de *Uma memória de Jane Austen*, biografia da escritora publicada em 1870 por seu sobrinho, James Edward Austen-Leigh.

5 Uma das histórias escritas por Jane Austen entre os 12 e os 18 anos de idade, a chamada *Juvenília*, passada a limpo e organizada em três volumes pela própria escritora.

183

aparentemente, para divertir a sala de aula; uma das histórias do mesmo volume é dedicada com solenidade fingida a seu irmão; outra é ilustrada com retratos em aquarela pela irmã. Essas são piadas que sentimos serem propriedade da família; estocadas de sátira que funcionavam porque todos os pequenos Austen caçoavam juntos das grandes damas que "suspiravam e caíam desmaiadas no sofá."

Os irmãos devem ter rido quando Jane leu em voz alta seu último ataque aos vícios que todos eles detestavam: "[...] morrerei como mártir da minha dor pela perda de Augustus... Um desmaio fatal me custou a vida... Cuidado com os desmaios, querida Laura... [...] Enlouqueça sempre que quiser; mas não desmaie." E lá se foi ela, tão depressa quanto conseguia escrever e mais depressa do que conseguia soletrar, contar as incríveis aventuras de Laura e Sophia, de Philander e Gustavus, do cavalheiro que dirigia uma diligência entre Edimburgo e Stirling um dia sim, um dia não, do roubo da fortuna que era guardada na gaveta da escrivaninha, das mães que morreram de fome e dos filhos que encenaram *Macbeth*.[6] Sem dúvida, a história deve ter feito a sala de aula irromper em gargalhadas. No entanto, nada é mais óbvio do que o fato de que essa menina de quinze anos, sentada em seu canto na sala de estar comum, escrevia não para fazer os irmãos rirem

6 Trechos de e referências a "Amor e amizade." Ver a *Juvenília* de Jane Austen e Charlotte Brontë (Penguin-Companhia das Letras, 2014). Tradução minha.

e não para o consumo apenas da família. Ela escrevia para todos, para ninguém, para a nossa época, para a época dela; em outras palavras, mesmo tão jovem, Jane Austen escrevia. Ouve-se isso no ritmo, no talhe e na severidade das frases. "Ela era meramente uma jovem bem-humorada, educada e gentil; assim, não tivemos como desgostar dela – para nós, foi apenas um objeto de desprezo." Uma frase assim foi feita para durar mais do que as férias de Natal. Vigoroso, desembaraçado, hilário, chegando com liberdade às fronteiras do *nonsense* – "Amor e amizade" é tudo isso; mas o que é essa nota que jamais se mistura ao resto, que soa, nítida e penetrante, ao longo de todo o volume? É o som do riso. De seu canto da sala, a menina de quinze anos ri do mundo.

Meninas de quinze anos vivem rindo. Elas riem quando o sr. Binney se serve de sal em vez de açúcar. Quase morrem de rir quando a velha sra. Tomkins senta em cima do gato. Mas começam a chorar no instante seguinte. Não têm uma morada fixa de onde veem que existe algo de eternamente risível na natureza humana, alguma qualidade nos homens e mulheres que para sempre despertará a nossa sátira. Não sabem que lady Greville, que esnoba, e Maria, que é esnobada, estão presentes em todos os salões de baile.[7] Mas Jane Austen sabia desde o nascimento. Uma dessas fadas que ficam empoleiradas nos berços deve tê-la levado para sobre-

---

7 Referência a outra história da *Juvenília*, "Uma coleção de cartas."

voar o mundo assim que ela nasceu. Ao ser deitada no berço de novo, Jane Austen não apenas sabia como o mundo era, como já escolhera o seu reino. Ela concordara que, se pudesse governar aquele território, não cobiçaria nenhum outro. Assim, aos quinze anos de idade, tinha poucas ilusões acerca das outras pessoas e nenhuma acerca de si mesma. Tudo o que escreve é acabado, torneado e engastado em relação não à casa paroquial, mas ao universo. Ela é impessoal; ela é inescrutável. Quando Jane Austen, a escritora, deu-nos, na história mais impressionante do livro [*Juvenília*], uma amostra da conversa de lady Greville, não há nenhum traço de raiva pela esnobada que Jane Austen, a filha do pároco, um dia recebeu. O seu olhar passa diretamente para o alvo e nós sabemos com exatidão onde, no mapa da natureza humana, fica aquele alvo. Sabemos, porque Jane Austen se manteve em seu espaço compacto; ela jamais invadiu a terra além de suas fronteiras. Jamais, mesmo na idade emotiva de quinze anos, deu meia-volta, envergonhada, ou destruiu um sarcasmo num espasmo de compaixão, ou tornou uma figura menos nítida numa névoa de êxtase. Espasmos e êxtases, ela parece ter dito, apontando com sua régua, param *ali*; e a fronteira é perfeitamente nítida. Mas ela não nega que luas, montanhas e castelos existem – do outro lado. Tem até uma paixão própria. É pela Rainha da Escócia. Jane Austen realmente a admirava muito. "Um dos grandes caráteres do mundo", descreveu ela, "uma rainha encantadora cujo único amigo em sua época foi o Duque de Norfolk e cujos únicos amigos agora são o sr. Whitaker, a sra. Lefroy, a sra. Knight e eu."[8] Com essas palavras, sua paixão é bem circunscrita e rodeada de riso. É divertido lembrar em que termos as jovens Brontë escreveriam, não muito mais tarde, na casa paroquial ao norte, sobre o duque de Wellington.[9]

A menininha amaneirada cresceu. Ela se tornou "a mais bonita, mais boba, mais afetada borboleta caça-maridos" de que a sra. Mitford se lembrava e, aliás, a autora de um romance chamado *Orgulho e preconceito* que, escrito às escondidas com a ajuda de uma porta que rangia, ficou muitos anos sem ser publicado.[10]

8 Maria I (1542–1587), Rainha da Escócia, tornou-se uma figura envolta em romance após ser forçada a abdicar do trono e fugir do próprio país e, tendo se refugiado na Inglaterra, ser aprisionada e executada pela Rainha Elizabeth I. Jane Austen declarou sua admiração por ela na adolescência ao escrever a sátira de um livro de história The History of England from the Reign of Henry the 4th to the Death of Charles the 1st: By a Partial, Prejudiced and Ignorant Historian [A história da Inglaterra do reino de Henrique IV à morte de Carlos I: por uma historiadora parcial, preconceituosa e ignorante]. O sr. Whitaker a que Austen se refere é, provavelmente, John Whitaker, um historiador que havia escrito um livro sobre a Rainha da Escócia. A sra. Lefroy era uma vizinha sua e a sra. Knight, prima de seu pai.

9 Charlotte, Emily e Anne Brontë, junto com o irmão Branwell, também escreveram uma extensa Juvenília. O duque de Wellington (1769–1852), marechal e político escocês que derrotou Napoleão, era um herói dos irmãos e foi uma inspiração para algumas de suas primeiras histórias.

10 Uma primeira versão de *Orgulho e preconceito* (intitulada *Primeiras impressões*) foi terminada por Jane Austen em 1797.

Acredita-se que alguns anos mais tarde começou a trabalhar em outra história, *Os Watson*, mas, sentindo-se insatisfeita com ela por algum motivo, deixou-a inacabada.[11] Vale a pena ler os trabalhos de segunda categoria de grandes escritores, pois eles contêm a melhor crítica a suas obras-primas. Aqui, suas dificuldades estão mais aparentes e o método que usou para solucioná-las, escondido de maneira menos engenhosa. Para começar, a rigidez e o desadorno dos dois primeiros capítulos provam que Jane Austen era um daqueles escritores que dispõem seus fatos de maneira bastante crua na primeira versão e então voltam uma, duas, três vezes para cobri-los de carne e atmosfera. Como isso teria sido feito, é impossível dizer – através de que supressões, inserções e artifícios. Mas o milagre teria sido realizado; a história enfadonha de catorze anos na vida de uma família teria sido transformada numa daquelas introduções magníficas e aparentemente criadas sem esforço; e nós jamais teríamos adivinhado por que páginas de labuta preliminar Jane Austen forçara sua pena a passar. Aqui, percebemos que ela, afinal de contas, não era uma feiticeira. Como outros escritores, tinha de criar a atmosfera na qual seu talento peculiar conseguia dar frutos. Aqui, ela tropeça; aqui, nos deixa esperando. Subitamente, consegue; agora, as coisas podem acontecer como ela gosta que aconteçam.

O livro foi oferecido a um editor, que o rejeitou sem ler o manuscrito. Ele só foi publicado em seu formato final em 1813.

11 Jane Austen começou a escrever *Os Watson* em 1804.

A família Edward está indo a um baile. A carruagem dos Tomlinson está passando; ela pode nos contar que "Charles está recebendo suas luvas e ouvindo que não é para tirá-las;" Tom Musgrave se retira para um canto com um barril de ostras e fica incrivelmente confortável. O talento de Jane Austen está livre e ativo. No mesmo instante, os nossos sentidos despertam; nós somos possuídos por aquela intensidade peculiar que só ela é capaz de criar. Mas de que tudo isso é feito? De um baile num salão público; de uma refeição breve; e, à guisa de catástrofe, de um menino sendo esnobado por uma jovem e tratado com gentileza por outra. Não há tragédia nem heroísmo. No entanto, por algum motivo, a pequena cena é comovente de maneira desproporcional à solenidade de sua superfície. Fizeram-nos ver que, se Emma agiu assim num salão de baile, quão atenciosa, quão tenra, inspirada por quanta sinceridade de sentimento ela teria se mostrado naquelas crises mais graves da vida que, enquanto a observamos, surgem inevitavelmente diante de nossos olhos. Jane Austen, assim, é senhora de emoções muito mais profundas do que pode a princípio aparecer. Ela nos estimula a suprir o que não está ali. O que oferece, aparentemente, é uma ninharia, mas composta por algo que se expande na mente do leitor e dá vida mais duradoura a cenas cujo exterior é trivial. A ênfase é sempre colocada sobre o caráter. Como, somos levados a perguntar, Emma se comportará quando lorde Osborne e Tom Musgrave fizerem sua visita às cinco para as três, justamente quando Mary estiver trazendo a bandeja e a caixa com os talheres? É uma situação extremamente constrangedora. Os rapazes estão acostumados a ambientes muito mais refinados. Emma pode mostrar-se mal-educada, vulgar, insignificante. As reviravoltas do diálogo nos mantêm nas garras do suspense. Nossa atenção se divide entre o momento presente e o futuro. E quando, no fim, Emma se comporta de modo a justificar as nossas maiores esperanças em relação a ela, nos comovemos como se houvéssemos testemunhado uma questão da mais alta importância. Aqui, realmente, nessa história inacabada e, no geral, inferior, estão todos os elementos da grandeza de Jane Austen. Ela tem a qualidade permanente da literatura. Deixe de lado a vivacidade superficial, a semelhança à vida, e restará, para nos dar um prazer mais profundo, um discernimento magnífico dos valores humanos. Apague isso da mente também e poderemos nos concentrar com extrema satisfação na arte mais abstrata que, na cena do baile, varia tanto as emoções e equilibra tão bem os papéis que é possível desfrutar dela como desfrutamos da poesia: por si mesma, e não como um elo que leva a história para esta ou aquela direção.

Mas os boatos dizem de Jane Austen que ela era perpendicular, precisa e taciturna – "um atiçador de quem toda a gente sente medo." Disso também há vestígios: ela podia ser bastante cruel; é uma das satiristas mais constantes de toda a literatura. Esses primeiros capítulos desajeitados de *Os Watson* provam que o talento de Jane Austen não era prolífico; ela, ao contrário de Emily Brontë, não tinha apenas que abrir a porta para impor sua presença. Com humildade e contentamento, ela juntava os gravetos e palhas com os quais o ninho seria feito e os dispunha lindamente. Os gravetos e palhas eram, em si, um pouco secos e um pouco empoeirados. Havia a casa maior e a casa menor; um chá, um jantar e um piquenique ocasional. A vida era limitada por parentes ricos e rendas adequadas; por estradas lamacentas, pés molhados e uma tendência da parte das senhoras de ficarem cansadas; e era sustentada por um pouco de princípio, um pouco de importância e pela instrução comumente recebida pelas famílias de classe média alta que viviam no interior. O vício, a aventura e a paixão eram deixados do lado de fora. Mas Jane Austen não se esquiva de nada e nem omite nada de todo esse prosaísmo, de toda essa pequeneza. Com paciência e precisão, nos conta que a carruagem "não parou em lugar nenhum até eles chegarem a Newbury, onde uma refeição confortável, unindo o jantar e a ceia, encerrou as diversões e as fadigas do dia."[12] Tampouco presta tributo às convenções apenas da boca para fora; acredita nelas, além de aceitá-las. Quando está descrevendo um clérigo, como Edmund Bertram,[13] ou um oficial da marinha em particular, parece impedida pela santidade do ofício deles de usar sua principal ferramenta, o talento cômico, e tem a tendência, portanto, de cair num panegírico

---

12 Trecho de *Mansfield Park*.

13 Protagonista de *Mansfield Park*.

decoroso ou numa descrição banal. Mas essas são exceções; em geral, sua postura faz lembrar a exclamação daquela senhora anônima: "uma mulher espirituosa, uma delineadora de caráter que não fala nada é realmente aterradora!" Jane Austen não deseja nem reformar nem aniquilar; ela permanece em silêncio; e isso é realmente aterrador. Um após o outro, ela cria seus tolos, seus santarrões, seus mundanos, como o sr. Collins, sir Walter Elliott e a sra. Bennet.[14] Ela os circunda com uma frase que estala como um chicote e, ao rodeá-los assim, recorta suas silhuetas para sempre. Mas eles continuam ali; nenhuma desculpa é encontrada para eles e nenhuma clemência lhes é dada. Não resta nada de Julia e Maria Bertram quando Jane Austen não se interessa mais por elas; lady Bertram fica para sempre "sentada chamando o cachorro pug e impedindo-o de invadir os canteiros de flores." Uma justiça divina é feita; o dr. Grant, que começa gostando de carne de ganso macia, acaba em "apoplexia e morte devido a três lautos jantares em uma semana."[15] Às vezes, parece que os personagens de Jane Austen nasceram apenas para lhe dar o supremo deleite de cortar suas cabeças. Ela está satisfeita; está contente; não mudaria nem um fio de cabelo de ninguém e nenhum tijolo ou folha de grama num mundo que lhe dá um prazer tão delicioso.

14 Personagens, respectivamente, de *Orgulho e preconceito*, *Persuasão* e *Orgulho e preconceito*.

15 Os últimos dois trechos foram retirados de *Mansfield Park*.

E, realmente, nós também não. Pois, mesmo se as dores da vaidade ultrajada ou as chamas da ira moral nos impelissem a aprimorar um mundo tão repleto de rancor, mesquinharia e tolice, a tarefa está além dos nossos poderes. As pessoas são assim. A menina de quinze anos sabia disso – a mulher madura o prova. Neste mesmo instante, alguma lady Bertram está tentando impedir que seu cachorro pug invada os canteiros de flores; ela manda a criada ajudar a srta. Fanny um pouco tarde demais. O discernimento é tão perfeito, a sátira, tão exata, que, apesar de tão constante, nós quase não a percebemos. Nenhum toque de mesquinharia, nenhum vestígio de rancor nos desperta da nossa contemplação. O deleite se mistura estranhamente ao nosso riso. A beleza ilumina esses tolos.

Essa qualidade elusiva, na realidade, muitas vezes é composta de partes muito diferentes que apenas um talento peculiar consegue unir. O humor de Jane Austen tem como parceira a perfeição de seu bom gosto. Seu tolo é um tolo e seu esnobe, um esnobe, porque se afastam do modelo de sanidade e bom senso que ela tem em mente e que comunica para nós de maneira inequívoca mesmo quando nos faz rir. Nunca nenhum romancista fez mais uso de um senso impecável dos valores humanos. É em contraste com um coração infalível, com um bom gosto inexaurível, uma moral quase severa, que ela nos mostra esses desvios da bondade, da verdade e da sinceridade que estão entre as coisas mais deliciosas da literatura inglesa. Jane Austen pinta uma Mary Crawford com sua mistura de bondade e maldade usando apenas esse método. Permite que ela tagarele contra os clérigos ou a favor de um título de baronete e uma fortuna de 10 mil por ano com todo o desembaraço e o vigor possíveis; porém, de tempos em tempos, faz soar uma nota só sua, muito discretamente, mas com afinação perfeita e, no mesmo instante, toda a loquacidade de Mary Crawford, apesar de continuar a ser divertida, fica fora do tom.[16] Daí vêm a profundidade, a beleza, a complexidade de suas cenas. Desses contrastes surge uma beleza, até mesmo uma solenidade, que não são apenas tão impressionantes quanto o seu humor, mas parte inseparável dele. Em *Os Watson*, Jane Austen nos dá um antegosto desse poder; faz com que nos perguntemos por que um gesto comum de bondade, ao ser descrito por ela, se torna tão cheio de significado. Em suas obras-primas, o mesmo talento é levado à perfeição. Aqui, não há nada de extraordinário; é meio-dia em Northamptonshire; um rapaz enfadonho está conversando com uma moça de saúde um pouco frágil enquanto eles sobem as escadas para se vestir para o jantar, com as criadas passando.[17] Mas, do trivial, do lugar-comum, suas palavras subitamente se tornam cheias de significado e aquele momento, para ambos, se transforma num dos mais memoráveis de suas vidas. Ele se preenche; brilha; fica incandescente; permanece diante de nós, profundo, trêmulo, sereno, por um segundo; logo, uma criada

16 Referência a *Mansfield Park*.
17 Referência a *Mansfield Park*.

passa e essa gota, na qual toda a felicidade da vida está reunida, gentilmente se rompe de novo para se tornar parte da maré da existência comum.

Portanto, o que poderia ser mais natural para Jane Austen do que, conhecendo o segredo de sua profundidade, escolher escrever sobre as trivialidades da vida cotidiana – sobre festas, piqueniques e bailes? Nenhuma "sugestão para que alterasse seu estilo de escrever" partidas do Príncipe Regente ou do sr. Clarke[18] poderiam tê-la feito cair em tentação; nenhum romance, nenhuma aventura, política ou intriga se comparavam à vida na escada de uma mansão do interior vista por ela. Realmente, o Príncipe Regente e seu bibliotecário haviam batido as cabeças num obstáculo tremendo; estavam tentando mexer com uma consciência incorruptível, perturbar um discernimento infalível. A criança que formava suas frases tão lindamente aos 15 anos de idade jamais deixou de formá-las, e nunca escreveu para o Príncipe Regente ou seu bibliotecário, mas para o mundo como um todo. Ela sabia exatamente quais eram as suas habilidades e com que tipo de material era capaz de trabalhar, da maneira como o material tem de ser trabalhado para um escritor cujo padrão final é alto. Havia impressões que ficavam fora do seu território;

18 James Edward Austen-Leigh em *Uma memória de Jane Austen* relata que o James Stanier Clarke, bibliotecário de uma das mansões do Príncipe Regente da Inglaterra, escreveu algumas vezes para Jane Austen sugerindo temas para os seus próximos livros. Ela jamais aceitou as sugestões.

emoções que com nenhum esforço ou artifício poderiam ser adequadamente pintadas com os seus recursos e abrangidas por eles. Por exemplo, Jane Austen não conseguia fazer uma moça falar com entusiasmo de bandeiras de exército ou de capelas de igrejas. Ela não conseguia se atirar de coração num momento romântico. Tinha toda sorte de estratagemas para evitar cenas de paixão. Abordava a natureza e suas belezas de uma maneira oblíqua e muito peculiar. Ela descreve uma noite bonita sem mencionar a Lua nenhuma vez. No entanto, quando lemos algumas frases formais sobre "o brilho de uma noite sem nuvens e o contraste entre o tom escuro do bosque", a noite imediatamente se torna tão "solene, reconfortante e bela" quanto Jane Austen nos diz, com simplicidade, que ela é.[19]

O equilíbrio de seus talentos tinha uma perfeição sem igual. Entre os seus romances acabados não há fracassos e, entre os seus muitos capítulos, poucos têm um nível claramente mais baixo do que o da maioria. Mas, afinal de contas, Jane Austen morreu aos 42 anos. Ela morreu quando sua habilidade estava no auge. Ainda estava sujeita àquelas mudanças que tornam o período final da carreira de um escritor o mais interessante de todos. Vivaz, irreprimível, com uma imaginação de grande vitalidade, não há dúvida de que teria escrito mais se houvesse vivido mais, e é tentador ponderar se teria escrito de maneira diferente. As fronteiras eram nítidas; luas, montanhas e castelos ficavam do outro lado.

19 Os últimos dois trechos foram retirados de *Mansfield Park*.

Mas será que às vezes ela não se sentia tentada a invadir o outro lado por um instante? Será que não estava começando, à sua maneira alegre e gloriosa, a contemplar uma pequena viagem de descoberta?

Peguemos *Persuasão*, o último romance acabado, e pensemos, à luz dele, nos livros que Jane Austen poderia ter escrito se houvesse vivido mais tempo. Há uma beleza peculiar e um enfado peculiar em *Persuasão*. O enfado é aquele que tantas vezes marca a transição entre dois períodos. A escritora está um pouco entediada. Ela se tornou familiar demais com os modos do seu mundo; não os anota mais com frescor. Há uma aspereza em sua comédia que sugere que quase deixou de se divertir com as vaidades de um sir Walter ou com o esnobismo de uma srta. Elliot. A sátira é cruel e a comédia, grosseira. Jane Austen não tem mais uma consciência tão fresca do que faz rir na vida cotidiana. Sua mente não está inteiramente concentrada em seu objeto. Mas, ao mesmo tempo em que sentimos que ela já fez isso antes e melhor, também sentimos que está tentando fazer algo que ainda não experimentou. Há um elemento novo em *Persuasão*; aquela qualidade, talvez, que fez o dr. Whewell se indignar e dizer que esse livro é "a sua obra mais bela."[20] Jane Austen está começando a descobrir que o mundo é mais vasto, mais

---

20 Incidente relatado por James Edward Austen-Leigh em *Uma memória de Jane Austen*. William Whewell (1795–1866), professor de Cambridge, defendeu *Persuasão* quando o cunhado de Austen-Leigh afirmou que o livro era enfadonho.

misterioso e mais romântico do que ela supunha. Nós sentimos que a frase a descreve quando diz isso de Anne: "Ela fora forçada a ser prudente na juventude e aprendeu a ser romântica conforme envelhecia – a consequência natural de um começo antinatural." Ela trata com frequência da beleza e da melancolia da natureza; fala do outono, quando antes estava habituada a falar da primavera. Menciona a "influência tão doce e tão triste dos meses de outono no campo." Nota "as folhas amareladas e as sebes murchas." Observa que "Nós não amamos menos um lugar por ter sofrido ali."[21] Mas não é apenas numa nova sensibilidade à natureza que nós detectamos a mudança. A sua própria postura diante da vida se alterou. Durante a maior parte do livro, Jane Austen vê a vida através dos olhos de uma mulher que, sendo ela própria infeliz, tem uma simpatia especial pela felicidade e infelicidade dos outros, sobre as quais, até quase o final, é obrigada a refletir em silêncio. Portanto, a observação é menos de fatos e mais de sentimentos do que o normal. Há uma emoção expressada na cena do concerto e na famosa conversa sobre a constância das mulheres que prova não apenas o fato biográfico de que Jane Austen amou alguém, mas o fato estético de que não tinha mais medo de dizer isso. Uma experiência vivida, quando era de natureza séria, tinha de mergulhar até muito fundo e ser completamente desinfetada pela passagem do tempo antes que Jane Austen se permitisse tratar dela na

21 Os últimos três trechos foram retirados de *Persuasão*.

ficção. Mas agora, em 1817, ela estava pronta. No lado de fora também – em suas circunstâncias – uma mudança era iminente. A fama de Jane Austen havia aumentado muito devagar. "Eu duvido", escreveu o sr. Austen-Leigh, "ser possível mencionar qualquer outro autor conhecido cuja obscuridade pessoal fosse tão completa."[22] Se ela houvesse vivido só mais alguns anos, tudo isso teria mudado. Ela teria ficado em Londres, jantado fora, almoçado fora, conhecido pessoas famosas, feito novos amigos, lido, viajado e voltado para a casa tranquila no campo com uma quantidade imensa de observações com as quais se banquetear a seu bel-prazer.

E qual teria sido o efeito disso sobre os seis romances que Jane Austen não escreveu? Ela não teria escrito sobre crimes, paixões e aventuras. Não teria sido levada, pela importunidade de editores ou pela adulação de amigos, à falta de cuidado ou de sinceridade. Mas teria sabido mais. Sua sensação de segurança teria sido abalada. Sua comédia teria sofrido. Ela teria confiado menos (isso já está perceptível em *Persuasão*) nos diálogos e mais nas reflexões para nos dar informações sobre seus personagens. Aquelas falas breves e maravilhosas que resumem, na tagarelice de alguns minutos, todo o necessário para conhecermos eternamente um almirante Croft ou uma sra. Musgrove, aquele método taquigráfico e indiscriminado que contém capítulos inteiros de análise e psicologia, teria se tornado grosseiro

22 Trecho de *Uma memória de Jane Austen*, de James Edward Austen-Leigh.

demais para abarcar tudo o que ela passaria a perceber sobre a complexidade da natureza humana. Ela teria inventado um método, claro e sereno como sempre, porém mais profundo e sugestivo, para comunicar não apenas o que as pessoas dizem, mas o que deixam de dizer; não apenas o que elas são, mas o que a vida é. Teria se afastado mais de seus personagens e os visto mais como um grupo e menos como indivíduos. Sua sátira, embora menos incessante, teria sido mais severa. Ela teria sido a precursora de Henry James e Proust – mas já chega. Essas especulações são vãs: a mais perfeita artista entre as mulheres, a escritora cujos livros são imortais, morreu "justamente quando estava começando a sentir confiança em seu próprio sucesso."[23]

---

[23] Trecho de *Uma memória de Jane Austen*, de James Edward Austen-Leigh.

Jane Eyre e O morro dos ventos uivantes

—

(AS NOTAS DA EDIÇÃO são da tradutora, exceto as que estão indicadas como N. da A., da autora.)

Dos cem anos que se passaram desde o nascimento de Charlotte Brontë, ela, que agora é o centro de tantas lendas, devoção e livros, viveu apenas 39.[1] É estranho refletir como essas lendas poderiam ter sido diferentes se sua vida houvesse tido uma duração normal. Charlotte Brontë, assim como alguns de seus contemporâneos famosos, poderia ter se tornado uma figura facilmente encontrada em Londres e outros lugares, retratada em inúmeros quadros e protagonista de diversas histórias, autora de muitos romances, talvez de um livro de memórias, arrancada de nós num período ainda bem lembrado pelas pessoas de meia-idade em todo o esplendor da fama estabelecida. Poderia ter sido rica, poderia ter sido próspera. Mas não foi. Quando pensamos em Charlotte Brontë, temos de imaginar alguém sem lugar no nosso mundo moderno; temos de recuar mentalmente até a década de cinquenta do século passado, até uma casa paroquial remota nos urzais selvagens de Yorkshire. Nessa casa paroquial e nesses urzais, infeliz e solitária, em sua pobreza e sua glória, ela permanecerá para sempre.

Essas circunstâncias e a maneira como afetaram a sua personalidade podem ter deixado vestígios em sua obra. Um romancista, refletimos nós, há de construir sua estrutura com muitos materiais bastante perecíveis que começam por dar realidade a ela e terminam

---

1 Charlotte Brontë nasceu em 1816 e faleceu em 1855.

por sobrecarregá-la de detritos. Quando abrimos *Jane Eyre* mais uma vez, não podemos dissipar uma desconfiança de que acharemos seu mundo de imaginação tão antiquado, vitoriano e obsoleto quanto a casa paroquial nos urzais, um lugar que só deve ser visitado pelos curiosos, preservado pelos apaixonados. Assim, abrimos *Jane Eyre*; e em duas páginas todas as dúvidas desaparecem das nossas mentes.

> Do meu lado direito, os drapeados de tecido vermelho da cortina fechada, e, do lado esquerdo, os vidros da janela, que me protegiam mas não me afastavam do dia sombrio de novembro. Nos intervalos da leitura, a cada vez que virava uma página, eu observava o aspecto daquela tarde de inverno. Ao longe, o que via era uma monotonia pálida feita de bruma e nuvens. E, de perto, o cenário do gramado ensopado e dos arbustos batidos pelo vento, com a chuva incessante varrendo tudo com fúria, em eterna e abominável tormenta.[2]

Nada ali é mais perecível do que os próprios urzais e nada é mais sujeito ao sabor da moda do que a "eterna e abominável tormenta." E esse êxtase não é breve. Ele nos perpassa ao longo de todo o livro, sem nos dar tempo para pensar, sem permitir que ergamos os olhos da página. Nossa absorção é tão intensa que, se alguém se move no cômodo, o movimento parece

2 As citações de *Jane Eyre* são da tradução de Heloisa Seixas.

ocorrer não ali, mas em Yorkshire. A autora nos leva pela mão, nos força a atravessar sua estrada, nos faz ver o que ela vê, não nos larga nem por um instante ou permite que a esqueçamos. Ao fim, estamos completamente embebidos pela genialidade, a veemência, a indignação de Charlotte Brontë. Ao atravessar, vislumbramos rostos impressionantes, silhuetas bem marcadas e feições distorcidas; mas foi através dos olhos dela que os vimos. Depois que ela se vai, nós os procuramos em vão. Pense em Rochester e temos de pensar em *Jane Eyre*. Pense nos urzais e, mais uma vez, lá está *Jane Eyre*. Pense até mesmo na sala de estar,[3] naqueles "tapetes brancos enfeitados com brilhantes guirlandas de flores", naquela "moldura clara, em estilo grego, da lareira" com seu cristal da Boêmia "cor

---

3 Charlotte e Emily Brontë tinham uma noção de cor muito parecida. "[...] nós vimos – ah! Era lindo. – um lugar esplêndido com um tapete vermelho, poltronas e mesas vermelhas e um teto do branco mais puro debruado de dourado; uma chuva de gotas de vidro penduradas em correntes de prata do centro, bruxuleando com pequenas velas de luz suave." (*O morro dos ventos uivantes*) "Na verdade era apenas um salão bem decorado, e dentro dele um *boudoir*, ambos recobertos por tapetes brancos enfeitados com brilhantes guirlandas de flores que pareciam ter sido colocadas ali. Os dois aposentos tinham tetos brancos trabalhados, formando desenhos de uvas e parreiras. Abaixo deles, em rico contraste, cintilavam sofás e otomanas na cor vermelha. E os ornamentos sobre a moldura clara, em estilo grego, da lareira eram de cristal da Boêmia, cor de rubi mais cintilante. Entre as janelas, imensos espelhos reproduziam aquela mistura e fogo e neve." (*Jane Eyre*) (N. da A.)

de rubi" e naquela "mistura de fogo e neve" – o que é tudo isso, senão *Jane Eyre*?

As desvantagens de ser Jane Eyre não são muito difíceis de ver. Ser uma preceptora para todo o sempre e estar apaixonada para todo o sempre é uma séria limitação num mundo que está, afinal de contas, repleto de pessoas que não são nem uma coisa nem outra. Os personagens de uma Jane Austen ou de um Tolstói têm um milhão de facetas se comparados com esses. Eles vivem e são complexos através de seu efeito sobre muitas pessoas diferentes que servem para refletir todos os seus ângulos. Eles se movem para cá e para lá quer seus criadores estejam observando-os, quer não, e o mundo que habitam parece-nos ser um mundo independente que, depois de criado, nós podemos visitar sozinhos. Thomas Hardy é mais semelhante a Charlotte Brontë no poder de sua personalidade e na estreiteza de sua visão. Mas as diferenças são vastas. Conforme lemos *Judas, o obscuro* não somos levados depressa até o final; refletimos e ponderamos e nos afastamos do texto em associações de ideias superabundantes que constroem ao redor dos personagens uma atmosfera de questionamento e instigação da qual eles próprios, na metade das vezes, não têm consciência. Apesar de serem camponeses simples, nós somos forçados a confrontá-los com destinos e perguntas de peso imenso, de modo que com frequência parece que os personagens mais importantes num romance de Hardy são aqueles que não têm nome. Desse poder, dessa curiosidade especulativa, Charlotte Brontë não tem nenhum traço. Ela não tenta resolver os problemas da vida humana; nem sequer sabe que esses problemas existem; toda a sua força, que é ainda mais tremenda por ser restringida, é usada nas afirmações "eu amo," "eu odeio" e "eu sofro."

Pois os autores mais autocentrados e autolimitados têm um poder que é negado aos mais abrangentes e de mente mais larga. Suas impressões estão bem comprimidas e fortemente estampadas entre suas muralhas estreitas. Nada que sai de suas mentes não recebe a sua marca. Esses autores aprendem pouco com outros escritores e aquilo que adotam, não conseguem assimilar. Tanto Hardy quanto Charlotte Brontë parecem ter baseado seus estilos num jornalismo rígido e decoroso. A matéria-prima de sua escrita é desengonçada e inflexível. Mas ambos, com trabalho e a mais obstinada integridade, refletindo sobre cada pensamento até que ele subjugasse as palavras a si mesmo, forjaram para si um estilo que é um molde de suas mentes inteiras; e que possui, ainda por cima, uma beleza, um poder, uma velocidade própria. Charlotte Brontë, ao menos, não devia nada à leitura de muitos livros. Ela jamais aprendeu a graciosidade do escritor profissional ou adquiriu sua habilidade de rechear e mover a língua como deseja. "Sempre que me deparava com mentes fortes, refinadas e discretas, não sossegava", escreveu ela, como qualquer editor de um jornal provinciano poderia ter escrito; mas, ganhando temperatura e velocidade, ela então continua, em sua voz autêntica, "enquanto não ultrapassava os limites da reserva convencional, as barreiras da confidência, e conquistava um lugar no cerne do coração dessas pessoas."[4] É lá que ela toma o seu lugar; é o brilho vermelho e trêmulo do fogo do coração que ilumina suas páginas. Em outras palavras, nós lemos Charlotte Brontë não por sua magnífica capacidade de observar personalidades – seus personagens são vigorosos e rudimentares; não pela comédia – a dela é sombria e grosseira; não em busca de uma visão filosófica da vida – a dela é a da filha de um pároco do interior; mas por sua poesia. Isso provavelmente ocorre com todos os escritores que, assim como ela, têm uma personalidade avassaladora, de modo que, como dizemos na vida real, basta-lhes abrir a porta para impor sua presença. Há neles uma ferocidade indomada que trava uma luta eterna com a ordem aceita das coisas e que os faz desejar criar instantaneamente em vez de observar pacientemente. É esse ardor que, mesmo rejeitando meios-tons e outros impedimentos menores, passa voando pela conduta cotidiana das pessoas comuns e se alia com a paixão menos articulada delas. Isso faz deles poetas ou, se escolhem escrever em prosa, intolerantes às restrições. É por isso que tanto Emily quanto Charlotte estão sempre pedindo a ajuda da natureza. Ambas sentem a necessidade de um símbolo mais poderoso para as paixões vastas e adormecidas da natureza humana que palavras ou ações não conseguem comunicar. É com a descrição de uma tempestade que Charlotte termina seu melhor romance,

4 Trecho de *Jane Eyre*.

Villette. "O céu está pesado e sombrio. Os destroços de um navio surgem do oeste; as nuvens assumem formas estranhas [...]." Assim, ela lança mão da natureza para descrever um estado de espírito que não poderia ser expressado de outra maneira. Mas nenhuma das duas irmãs observava a natureza com a exatidão de Dorothy Wordsworth,[5] ou a pintava com os detalhes de Tennyson. Elas agarravam aqueles aspectos da terra mais semelhantes ao que sentiam ou imputavam a seus personagens; e assim suas tempestades, seus urzais, seus lindos espaços de verão não são ornamentos usados para decorar uma página enfadonha ou exibir os poderes de observação da autora – eles carregam a emoção e iluminam o significado do livro.

O significado de um livro, que tantas vezes não tem relação com o que acontece e com o que é dito e, na realidade, consiste de alguma ligação que coisas diferentes entre si tiveram para o autor, é necessariamente difícil de definir. Especialmente quando o escritor, assim como as Brontë, é poético, e seu significado é inseparável de sua linguagem e mais próximo de um humor do que de uma observação específica. *O morro dos ventos uivantes* é um livro mais difícil de entender do que *Jane Eyre* porque Emily era melhor poeta do que Charlotte. Quando Charlotte escrevia, ela falava com eloquência, esplendor e paixão "eu amo," "eu odeio" e "eu sofro." Sua experiência, embora mais intensa, se equipara à nossa.

---

5 Dorothy Wordswoth (1771–1855) foi uma escritora inglesa, irmã do poeta William Wordsworth.

Mas não há "eu" em *O morro dos ventos uivantes*. Não há preceptoras. Não há patrões. Há amor, mas não é o amor dos homens e das mulheres. Emily foi inspirada por uma concepção mais geral. O impulso que a levou a criar não foi seu próprio sofrimento ou suas próprias injúrias. Ela observou um mundo cindido em gigantesca desordem e sentiu dentro de si o poder de uni-lo num livro. Essa enorme ambição é percebida ao longo de todo o romance – uma luta, não de todo vitoriosa, mas de soberba convicção, para dizer algo pelas bocas de seus personagens que não é apenas "eu amo" ou "eu odeio," mas "nós, toda a raça humana" e "vocês, os eternos poderes..." a frase permanece inacabada. Não é estranho que seja assim; na realidade, é espantoso que Emily Brontë consiga nos fazer sentir o que havia dentro dela para ser dito. É algo que pulsa nas palavras meio inarticuladas de Catherine Earshaw: "Se tudo o mais morresse e *ele* permanecesse, eu continuaria a existir; e se todo o resto permanecesse e ele fosse aniquilado, o universo se tornaria um poderoso estranho. Eu não me sentiria parte dele." E surge de novo na presença dos mortos. "Vejo um repouso que nem a terra nem o inferno podem perturbar e sinto a certeza de que há uma existência após a morte, sem fim e sem sombras – a eternidade onde eles penetraram, onde a vida é ilimitada em sua duração, o amor, em sua compaixão e o júbilo, em sua completude."[6] É essa sugestão de um poder apoiando as aparições da natureza humana e

6 Os dois últimos trechos são de *O morro dos ventos uivantes*.

erguendo-as à presença da grandeza que dá ao livro sua imensa estatura em meio aos romances. Mas não foi suficiente para Emily Brontë escrever as letras de algumas canções, soltar um grito, expressar uma crença. Em seus poemas ela fez isso de uma vez por todas, e seus poemas talvez durem mais do que o seu romance. Mas ela era romancista, além de poeta. Precisava lançar-se a uma tarefa mais penosa e menos gratificante. Precisava encarar o fato de outras existências, lutar com o mecanismo das coisas externas, construir, de forma reconhecível, fazendas e casas, e relatar as falas de homens e mulheres com existências independentes à sua. E assim, nós chegamos a esses picos de emoção não por meio de fúrias ou êxtases, mas ouvindo uma menina cantar canções antigas enquanto balança nos galhos de uma árvore; vendo as ovelhas pastar nos urzais; escutando o vento suave suspirar por entre a grama. A vida na fazenda com todos os seus absurdos e todas as suas improbabilidades está aberta para nós. Temos todas as oportunidades de comparar *O morro dos ventos uivantes* com uma fazenda de verdade e Heathcliff com um homem de verdade.[7] Como, é-nos permitido perguntar, pode haver verdade ou perspicácia ou os tons mais sutis da emoção em homens e mulheres que se parecem tão pouco com aqueles que nós próprios já vimos? Mas, assim que fazemos a pergunta, vemos em Heathcliff o irmão que uma irmã talentosa poderia ter visto; ele é impossível, dizemos, mas, ainda assim,

---

7 Heathcliff é o protagonista de *O morro dos ventos uivantes*.

nenhum menino em toda a literatura tem existência mais vívida. O mesmo ocorre com as duas Catherines. Nenhuma mulher poderia sentir o que elas sentem ou agir como elas agem, dizemos. Ainda assim, elas são as mulheres mais capazes de despertar o amor em toda a ficção. É como se Emily Brontë pudesse rasgar tudo o que há de familiar nos seres humanos e preencher essas transparências irreconhecíveis com um tal sopro de vida que eles transcendem a realidade. Seu poder, portanto, é o mais raro de todos. Ela era capaz de libertar a vida de sua dependência dos fatos; com alguns toques, indicar o espírito de um rosto, de modo que ele não precisasse de um corpo; falando dos urzais, fazer o vento soprar e o trovão ressoar.

George
Eliot

—

(AS NOTAS DA EDIÇÃO são da tradutora, exceto as que estão indicadas como N. da A., da autora.)

Ler George Eliot com atenção é dar-se conta de quão pouco sabemos sobre ela. Também é dar-se conta da facilidade, não muito elogiosa à nossa perspicácia, com a qual, de maneira semiconsciente e parcialmente maliciosa, aceitamos a versão surgida no fim da era vitoriana sobre uma mulher coberta de ilusões que tinha um controle invisível sobre adoradores ainda mais iludidos do que ela. Em que momento e de que maneira o feitiço dela foi quebrado é difícil saber com exatidão. Algumas pessoas atribuem isso à publicação do livro sobre a sua vida.[1] Talvez George Meredith, com sua frase sobre "o homenzinho espalhafatoso e temperamental" e a "mulher pecadora" sobre a plataforma[2] tenha tornado mais agudas e venenosas as flechas de milhares

---

1 *George Eliot's Life. As Related in her Letters and Journals* [A vida de George Eliot. Como relatada em suas cartas e diários]. Livro organizado pelo marido de Eliot, J.W. Cross e publicado pela primeira vez em 1885. O livro foi criticado por muitos por mostrar George Eliot de maneira quase beatífica, omitindo diversos aspectos da sua vida.

2 George Meredith, numa carta escrita para Leslie Stephen (pai de Virginia Woolf), em 1902, afirma que, se fosse escrever sobre George Eliot "eu não teria conseguido deixar de mencionar as cenas cômicas na Priory – com a plataforma, e o homenzinho espalhafatoso e temperamental, e os bispos aos pés da mulher pecadora idolatrada como deusa literária e luz da filosofia." O homenzinho ao qual George Meredith se refere é G.H. Lewes, companheiro de Eliot e amor de sua vida; e a Priory era a casa onde eles dois viveram, famosa por seus salões literários.

de pessoas incapazes de mirá-las com tanta exatidão quanto ele, mas que se deleitaram em dar seus golpes também. George Eliot se tornou motivo de piada para os jovens, alguém que simbolizava todo um grupo de pessoas sérias que a idolatravam e que podiam ser objeto do mesmo desprezo. Lorde Acton já disse que ela era maior do que Dante;[3] Herbert Spencer abriu uma exceção para seus romances, como se não fossem romances, quando baniu todos os livros de ficção da Biblioteca de Londres.[4] Ela era o orgulho e o exemplo de seu sexo. Além do mais, seus registros privados não são mais sedutores do que os públicos. Quando lhe pediam que descrevesse uma tarde passada na Priory, o contador de histórias sempre indicava que a lembrança daquelas tardes sérias de domingo havia começado a dar-lhe vontade de rir. Ele sentira tanto receio daquela senhora grave na cadeira baixa; ficara tão ansioso por dizer coisas inteligentes. É certo que a conversa ali era muito séria, como provado por um bilhete escrito na caligrafia bonita e clara da grande romancista. Ele traz a data da manhã de segunda-feira e ela se acusa de ter falado sem pensar em Marivaux,[5]

---

3 John Acton (1834–1902), historiador inglês.

4 Herbert Spencer (1820–1903), intelectual inglês e amigo pessoal de George Eliot, fazia parte do Comitê de Bibliotecas de Londres e se opunha à aquisição de romances, mas, na realidade, jamais teve poder para bani-los.

5 Pierre de Marivaux (1688–1763), romancista, dramaturgo e jornalista francês.

quando queria dizer outra pessoa; mas, sem dúvida, afirma, seu ouvinte já fizera a correção. Ainda assim, a lembrança de conversar sobre Marivaux com George Eliot numa tarde de domingo não é uma lembrança romântica. Ela desbotou com a passagem dos anos. Não se tornou pitoresca.

Com efeito, é impossível não acreditar que aquele rosto comprido e pesado, com sua expressão séria e emburrada e seu poder quase equino tenha se estampado de maneira deprimente nas mentes das pessoas que se lembram de George Eliot e as esteja observando das páginas de seus livros. O sr. Gosse recentemente descreveu como foi vê-la atravessando Londres numa carruagem:

> [...] uma sibila larga e corpulenta, sonhadora e imóvel, cujas feições maciças, um pouco soturnas quando vistas de perfil, eram incongruentemente envoltas por um chapéu, sempre na última moda de Paris, o que, naqueles dias, em geral incluía uma imensa pena de avestruz.[6]

Lady Ritchie, com igual habilidade, deixou um retrato mais íntimo feito no interior da casa:

> Ela estava sentada perto do fogo usando um lindo vestido de cetim negro, com um abajur verde na

6 Edmund Gosse (1849–1928), tradutor e escritor inglês, num artigo intitulado "George Eliot" e escrito para o *London Mercury* em novembro de 1919.

mesa ao lado, onde eu vi livros alemães, panfletos e abridores de envelope de marfim. Tinha a aparência muito tranquila e nobre, com dois olhinhos firmes e uma voz bonita. Ao olhá-la, senti que ela era uma amiga, não exatamente uma amiga pessoal, mas um impulso bom e benevolente.[7]

Um trecho de sua conversa foi preservado. "Nós precisamos respeitar a nossa influência", disse ela. "Sabemos, por nossa própria experiência, o quanto os outros afetam a nossa vida, e precisamos lembrar que também devemos afetá-los."[8] É possível imaginar a pessoa que guardou isso como um tesouro e imprimiu-o na memória lembrando da cena e repetindo as palavras trinta anos mais tarde e, de repente, pela primeira vez, desatando a rir.

Em todos esses registros nós sentimos que quem os documentou, mesmo quando estava na presença de George Eliot, manteve a distância e não perdeu a cabeça; e nunca, ao ler mais tarde os romances, o fez à luz de uma personalidade vívida, intrigante ou linda a lhe ofuscar os olhos. Na ficção, onde tanto da personali-

---

7 Anne Isabella Thackeray Ritchie (1837–1919), escritora que era filha de William Makepeace Thackeray e tia de Virginia Woolf, numa palestra intitulada "A Discourse of Modern Sibyls" [Uma conversa sobre sibilas modernas] feita no dia 10 de janeiro de 1913.

8 Não está claro de onde Virginia Woolf extraiu essa fala de George Eliot. Acredita-se que isso possa ter sido relatado por sua tia Anne Isabella Thackeray Ritchie.

dade é revelada, a ausência de charme é um grande defeito; e os críticos de George Eliot, que foram, é claro, na maioria do sexo oposto, se ressentiram, talvez de maneira semiconsciente, dessa deficiência dela numa qualidade considerada supremamente desejável nas mulheres. George Eliot não era charmosa; ela não era fortemente feminina; não tinha nenhuma daquelas excentricidades e flutuações de humor que dão a tantos artistas a simplicidade cativante das crianças. Nós sentimos que para a maioria das pessoas, assim como para lady Ritchie, ela era "não exatamente uma amiga pessoal, mas um impulso bom e benevolente." Mas, se examinarmos esses retratos com mais cuidado, descobriremos que são todos retratos de uma mulher velha e celebrada, vestida de cetim negro, andando em sua carruagem, uma mulher que já travou suas batalhas e saiu delas com um profundo desejo de ser útil aos outros, mas sem querer intimidade, a não ser com o pequeno círculo que a conhecia desde a juventude. Nós sabemos muito pouco sobre a juventude de George Eliot; mas sabemos que a cultura, a filosofia, a fama e a influência foram todas construídas sobre uma base muito humilde – ela era neta de um carpinteiro.

A primeira parte da história da sua vida é excepcionalmente deprimente. Nela, a vemos se erguendo, com gemidos e dificuldades, do tédio intolerável da mesquinha sociedade provinciana (seu pai havia ascendido na vida e se tornado mais próximo da classe média, porém menos pitoresco), para se tornar editora-assistente de uma revista londrina altamente intelectual[9] e a estimada companheira de Herbert Spencer. As etapas são dolorosas conforme ela as vai revelando no triste solilóquio ao qual o sr. Cross a condenou a contar a história de sua vida. Marcada desde a juventude como alguém que "sem dúvida iria começar a organizar algo como um brechó de caridade,"[10] ela começou a angariar fundos para a restauração de uma igreja escrevendo sobre a história eclesiástica; a isso seguiu-se uma perda de fé que perturbou tanto seu pai que ele se recusou a continuar a viver com a filha. Depois, veio a batalha com a tradução de Strauss,[11] que, por mais sombria e "capaz de entorpecer a alma" que fosse, dificilmente deve ter sido amenizada pelas tarefas em geral realizadas pelas mulheres, como gerenciar uma casa e cuidar de um pai moribundo, e tampouco pela convicção perturbadora para alguém tão dependente de afeição de que, ao se tornar uma mulher intelectual, ela estava abrindo mão do respeito do irmão. "Eu costumava andar por aí que nem uma coruja, para grande desgosto do meu irmão", disse ela. "Pobrezinha", escreveu uma amiga

9 George Eliot, ainda usando o nome de batismo Mary Ann Evans, tornou-se editora-assistente da *Westminster Review* em 1851.

10 Frase retirada de *George Eliot's Life*. Uma citação da própria Eliot, numa referência às poucas opções de atividades disponíveis para as mulheres em seu tempo.

11 Em 1844, Mary Ann Evans começou a traduzir do alemão *A vida de Jesus*, de David Friedrich Strauss.

que a viu lutando com Strauss diante de uma estátua de Cristo ressuscitado, "eu realmente sinto pena dela às vezes, com o rosto pálido e magro, as horríveis dores de cabeça e também o receio pelo pai."[12] No entanto, embora nós não possamos ler essa história sem sentir um forte desejo de que as etapas de sua peregrinação tivessem sido, se não mais fáceis, ao menos mais belas, há uma determinação incansável em seu avanço rumo à cidadela da cultura que a coloca acima da nossa compaixão. Seu desenvolvimento foi muito lento e muito desajeitado, mas havia por trás o ímpeto irresistível de uma ambição arraigada e nobre. No final, cada obstáculo foi arrancado de seu caminho. Ela conheceu todos. Ela leu tudo. Sua espantosa vitalidade intelectual havia triunfado. A juventude passara. Então, aos 35 anos de idade, quando sua habilidade estava no auge e ela usufruía da mais completa liberdade, George Eliot tomou a decisão tão profundamente momentosa para ela, e que ainda é importante até mesmo para nós, e foi para Weimar, com George Henry Lewes.[13]

Os livros que surgiram tão pouco tempo depois dessa união são a prova mais completa da grande libertação que a felicidade pessoal foi para ela. No entanto, no limiar de sua carreira literária, nós podemos encontrar em algumas das circunstâncias de sua vida,

---

12 As três últimas citações foram retiradas de *George Eliot's Life*.

13 Como Lewes era casado, o fato de Eliot ter assumido sua união com ele significava uma profunda quebra das convenções sociais da Inglaterra vitoriana.

influências que fizeram sua mente se voltar para o passado, para a cidadezinha do interior, para a tranquilidade, a beleza e a simplicidade das lembranças da infância e para longe de si mesma e do presente. Nós entendemos por que seu primeiro livro foi *Cenas da vida clerical*[14] e não *Middlemarch*. Sua união com Lewes a fizera ficar cercada de afeição, porém, em vista das circunstâncias e das convenções, também a isolara. "Gostaria que todos soubessem", escreveu ela em 1857, "que eu jamais convidaria alguém para vir me ver se a pessoa não tiver solicitado o convite."[15] Ela fora "afastada daquilo que se chama de mundo",[16] disse mais tarde; mas não se arrependeu. Tornando-se assim marcada, primeiro pelas circunstâncias e, mais tarde, inevitavelmente, pela sua fama, George Eliot perdeu o poder de circular entre as pessoas como uma igual, sem ser notada; e essa perda, para uma romancista, era séria. Ainda assim, quando nos aquecemos à luz do sol que é *Cenas da vida clerical*, quando sentimos aquela vasta mente madura se espraiar com uma luxuriante sensação de liberdade no mundo de seu "passado mais remoto",[17] falar de perda parece inadequado.

---

14 Primeiro trabalho de ficção de George Eliot, uma coletânea de três contos publicada em 1858.

15 Ver nota 65 de *Um quarto só seu*.

16 Ver nota 66 de *Um quarto só seu*.

17 Numa carta de 1859 retirada de *George Eliot's Life*, Eliot afirmou, referindo-se a *O moinho à beira do Rio Floss*, que "[...] minha mente trabalha com a maior liberdade e a noção mais

Para tal mente, tudo eram ganhos. Todas as experiências eram filtradas por camadas e mais camadas de percepção e reflexão, que a enriqueciam e nutriam. O máximo que podemos dizer, ao definir sua postura diante da ficção pelo pouco que sabemos de sua vida, é que ela tomara para si certas lições que em geral não se aprende cedo, se é que se aprende; entre as quais a que mais lhe foi imputada talvez tenha sido a virtude melancólica da tolerância. A simpatia de George Eliot está com o quinhão das pessoas comuns e ela é mais feliz quando descreve as alegrias e tristezas simples do cotidiano. George Eliot não tem nada daquela intensidade romântica que está ligada à noção da própria individualidade, nunca satisfeita nem subjugada, formando um contraste forte com o mundo. O que eram os amores e as tristezas de um velho pároco rabugento, sonhando enquanto toma seu uísque, comparados ao egoísmo ardente de Jane Eyre? A beleza daqueles primeiros livros, *Cenas da vida clerical*, *Adam Bede*, *O moinho à beira do Rio Floss*, é imensa. É impossível medir o mérito dos Poyser, dos Dodson, dos Gilfil, dos Barton[18] e de todo o resto, com todos os seus entornos e dependências, pois eles adquiriram carne e osso e nós nos movimentamos no meio deles, ora com tédio,

---

aguda de poesia no meu passado mais remoto e há muitas camadas a atravessar antes que eu possa usar artisticamente qualquer material que seja capaz de reunir no presente."

18 Famílias, respectivamente, de Adam Bede, *O moinho à beira do Rio Floss*, e de dois contos de *Cenas da vida clerical*.

ora com compaixão, mas sempre com aquela aceitação inquestionável de tudo o que dizem e fazem que damos apenas aos grandes autores originais. O fluxo de memória e humor que George Eliot derrama tão espontaneamente numa figura, cena após cena, até que todo o tecido da antiga Inglaterra rural tenha revivido, tem tanto em comum com um processo natural que nos deixa com pouca consciência de que há ali qualquer coisa a ser julgada. Nós aceitamos; sentimos o calor delicioso e a libertação do espírito que apenas os escritores mais criativos conseguem nos dar. Quando voltamos aos livros após anos de ausência, deles derrama, ainda que contrariamente às nossas expectativas, a mesma fartura de energia e calor, de modo que queremos, mais do que qualquer outra coisa, relaxar naquela quentura como quem relaxa ao sol refletido no muro vermelho do pomar. Se há um elemento de entrega irracional em se submeter dessa forma aos humores de fazendeiros do interior e suas esposas, isso também é o correto nessas circunstâncias. Não temos um grande desejo de analisar aquilo que sentimos ser tão vasto e profundamente humano. E quando consideramos quão distante no tempo fica o mundo de Shepperton e Hayslope[19] e quão remotas são as mentes dos fazendeiros e trabalhadores rurais das mentes da maioria dos leitores de George Eliot, só podemos atribuir a facilidade e o prazer com os quais

---

19 Pequenas cidades que são cenário, respectivamente, de um dos contos de *Cenas da vida clerical* e do romance *Adam Bede*.

vamos de uma casa paroquial até o ferreiro, da sala do casebre ao jardim da casa do clérigo, ao fato de que ela nos faz participar da vida deles, não com um espírito de condescendência ou curiosidade, mas de compaixão. George Eliot não é satírica. O movimento de sua mente era lento e pesado demais para a comédia. Mas ela colhe com suas mãos largas um enorme buquê dos elementos principais da natureza humana e os reúne frouxamente com uma compreensão tolerante e sadia que, como descobrimos nas releituras, não apenas manteve seus personagens frescos e livres, mas deu-lhes uma capacidade inesperada de nos fazer rir e chorar. Vejamos a famosa sra. Poyser. Teria sido fácil enfatizar suas idiossincrasias até morrer e, na realidade, talvez George Eliot ria da mesma coisa um pouco demais. No entanto, depois que o livro é fechado, a memória, como às vezes ocorre na vida real, traz à tona os detalhes e sutilezas que alguma característica mais prevalente nos impediu de notar na hora que estávamos lendo. Nós lembramos que a saúde dela não era boa. Que houve ocasiões em que não disse uma palavra. Que teve muita paciência com uma criança doente. Que adorava Totty.[20] Da mesma maneira, podemos refletir e especular sobre a maior parte dos personagens de George Eliot e descobrir, mesmo no menos importante deles, uma largura e uma margem vasta de onde espreitam essas qualidades que ela não precisou tirar da obscuridade.

---

20 Filha pequena da sra. Poyser em *Adam Bede*.

Mas em meio a toda essa tolerância e compaixão existem, mesmo nos primeiros livros, momentos de maior ênfase. O humor da autora se mostrou largo o suficiente para encerrar uma vasta gama de tolos e fracassados, mães e filhos, cães e campos férteis do interior, fazendeiros sagazes ou embriagados de cerveja, vendedores de cavalos, donos de estalagens, curas e carpinteiros. Sobre todos eles há uma paixão específica, a única que George Eliot se permitiu – o amor pelo passado. Os livros são espantosamente fáceis de ler e não têm nenhum vestígio de pretensão ou fingimento. Mas, para o leitor que tem em mente um número razoável de suas primeiras obras, torna-se óbvio que a névoa da lembrança gradualmente se dissipa. Não é que o poder de George Eliot diminua, pois, para mim, ele está em seu ápice no maduro *Middlemarch*, um livro magnífico que, com todas as suas imperfeições, é um dos poucos romances ingleses escritos para adultos. Mas o mundo dos campos e das fazendas não a contenta mais. Na vida real, ela fora tentar a sorte em outro lugar; e, embora olhar para o passado fosse tranquilizador e reconfortante, existem, mesmo nas primeiras obras, traços daquele espírito perturbado, daquela presença exigente, questionadora e perplexa que era a própria George Eliot. Em *Adam Bede*, há um traço dela em Dinah. Ela se mostra de maneira muito mais franca e completa em Maggie de *O moinho à beira do Rio Floss*. Ela é Janet de "O arrependimento de Janet" e Romola e Dorothea buscando sabedoria e encontrando mal sabemos o quê num casamento com Ladislaw.[21] Nós estamos inclinados a acreditar que aqueles que desgostam de George Eliot o fazem devido a suas heroínas – e têm bons motivos, pois não há dúvida de que elas tendem a trazer à tona o que há de pior na autora, levá-la a lugares difíceis e torná-la acanhada, didática e, ocasionalmente, vulgar. No entanto, se você pudesse apagar todas essas personagens, ficaria com um mundo muito menor e muito inferior, ainda que de maior perfeição artística e muito superior em alegria e conforto. Ao tentar explicar seu fracasso, na medida em que é um fracasso, nós lembramos que George Eliot só começou a escrever ficção aos 37 anos e que, quando tinha 37 anos, passara a se ver com uma mistura de dor e algo semelhante a ressentimento. Durante muito tempo, ela preferiu não se ver de forma alguma. Então, quando o primeiro fluxo de energia criativa estava esgotado e a autoconfiança surgira, passou a escrever mais e mais do ponto de vista pessoal, mas o fez sem a entrega completa dos jovens. Seu acanhamento sempre fica marcado quando suas heroínas dizem o que ela própria teria dito. George Eliot as disfarçou de todas as maneiras possíveis. Deu-lhes beleza e, ainda por cima, fortuna; inventou um improvável gosto por conhaque. Mas o fato desconcertante e estimulante é que ela era impelida,

---

21 "O arrependimento de Janet" é um dos contos de *Cenas da vida clerical*; Romola é a protagonista do romance de Eliot do mesmo nome; e Dorothea Casaubon, a protagonista de *Middlemarch*.

pelo poder mesmo de sua genialidade, a entrar pessoalmente na cena tranquila e bucólica.

A moça bonita e nobre que insistiu em nascer no moinho à beira do rio Floss é o exemplo mais óbvio da ruína que uma heroína pode causar a George Eliot. O humor a controla e faz com que seja possível amá-la enquanto ela é criança e consegue se contentar em fugir com os ciganos ou martelar pregos na boneca; mas ela cresce; e, antes que George Eliot se dê conta, tem uma mulher adulta nas mãos, exigindo o que nem os ciganos, nem as bonecas e nem a própria cidadezinha de St. Ogg's é capaz de lhe dar. Primeiro surge Philip Wakem e depois, Stephen Guest. A fraqueza de um e a rudeza do outro já foram notadas muitas vezes; mas ambos, em sua fraqueza e rudeza, ilustram não tanto a incapacidade de George Eliot de representar um homem, mas a incerteza, a falta de firmeza, a falta de jeito que faziam sua mão tremer quando ela precisava imaginar um companheiro à altura de uma heroína. George Eliot é obrigada a atravessar as fronteiras do mundo nato que conhecia e amava e é forçada a pisar nas salas de estar da classe média, onde os rapazes cantam durante toda a manhã no verão, e as moças ficam sentadas bordando barretes para os bazares. Ela sente que está fora de seu elemento, como prova sua sátira desajeitada da "alta sociedade."

[...] a alta sociedade tem seu clarete e seus tapetes de veludo, seus compromissos para jantar marcados com seis semanas de antecedência, sua ópera e seus salões de baile do mundo das fadas; [...] ela confia sua ciência a Faraday e sua religião aos religiosos superiores que podem ser encontrados nas melhores casas; por que precisaria da crença e da ênfase?[22]

Não há vestígio de humor ou perspicácia aqui, apenas a vontade de vingança de alguém com um rancor que nós sentimos ter origem pessoal. Mas, por mais terrível que seja a complexidade do nosso sistema social em suas exigências à compaixão e ao discernimento de uma romancista atravessando fronteiras, Maggie Tulliver fez algo pior do que arrastar George Eliot para fora de seu ambiente natural. Ela insistiu que houvesse a grande cena emocional. Precisava amar; precisava se desesperar; precisava morrer afogada com o irmão nos braços. Quanto mais examinamos as grandes cenas emocionais, mais nervosamente esperamos que surja, cresça e se adense a nuvem que irá se romper sobre as nossas cabeças no momento crítico, com uma chuva de desilusão e verbosidade. Isso ocorre em parte porque o domínio que George Eliot tinha dos diálogos, quando eles não eram escritos em dialeto, não era perfeito; e em parte porque ela parece se encolher com o temor que os velhos sentem do cansaço diante do esforço da concentração emocional. Ela permite que suas heroínas falem demais. Tem pouca felicidade linguística. Falta-lhe o bom gosto infalível que escolhe uma frase e encerra

22 Trecho de *O moinho à beira do Rio Floss*.

o coração da cena ali dentro. "Com quem você vai dançar?", perguntou o sr. Knightley, no baile dos Weston. "Com o senhor, se me convidar", responde Emma;[23] e já disse o bastante. A sra. Casaubon teria falado por uma hora e nós teríamos olhado pela janela.

No entanto, apague as heroínas sem compaixão, confine George Eliot ao mundo rural de seu "passado mais remoto" e você não apenas diminuirá sua grandeza, como perderá seu verdadeiro sabor. Que há grandeza aqui, não há dúvida. A vastidão da paisagem, os traços fortes e marcados das feições principais, a luz rubra dos primeiros livros, o poder inquiridor e a riqueza reflexiva dos últimos fazem com que nos sintamos tentados a permanecer por mais tempo nessas obras e ultrapassar os nossos limites. Mas é sobre as heroínas que queremos lançar um olhar final. "Eu venho tentando encontrar minha religião desde que era menina", diz Dorothea Casaubon. "Costumava rezar tanto – hoje, quase nunca rezo. Tento não ter desejos apenas para mim [...]." Ela fala por todas as heroínas. Esse é o seu problema. Elas não conseguem viver sem religião e saem em busca de uma quando são meninas. Todas têm aquela paixão profunda das mulheres pela bondade, o que transforma o lugar onde são tomadas pelo desejo e pela agonia no coração do livro – quieto e isolado como um templo, a não ser pelo fato de que elas não sabem mais para quem rezar. As heroínas buscam seu objetivo no aprendizado; nas tarefas cotidianas das

23 Falas de dois personagens em *Emma*, de Jane Austen.

mulheres; nas bondades que todas, em geral, praticam. Não encontram aquilo que buscam, e não é de se espantar. A consciência ancestral da mulher, carregada de sofrimento e sensibilidade durante tantos anos, muda, parece ter transbordado e pedido por algo – elas mal sabem o quê, mas é algo que talvez seja incompatível com os fatos da existência. George Eliot tinha uma inteligência grande demais para mexer com esses fatos e um humor forte demais para mitigar a verdade somente porque ela era dura. A não ser pela coragem suprema de sua empreitada, a luta, para suas heroínas, termina em tragédia, ou num meio-termo que é ainda mais melancólico. Mas a história delas é a versão incompleta da história da própria George Eliot. Para ela, também, o fardo e a complexidade da mulher não foram suficiente; ela precisou estender a mão para além do santuário e colher para si as frutas estranhas e vibrantes da arte e do conhecimento. Agarrando-as como poucas mulheres as agarraram, George Eliot recusou-se a renunciar à própria herança – a diferença de visão, a diferença de padrão – ou a aceitar uma recompensa inadequada. Assim nós a contemplamos, uma figura memorável, extraordinariamente louvada e retraindo-se diante da fama, acabrunhada, reservada, ocultando-se nos braços do amor como se apenas ali houvesse satisfação e, talvez, justificativa; e, ao mesmo tempo, estendendo os braços com uma "ambição exigente, porém faminta"[24] por tudo que a vida tinha a

24 Frase retirada de *George Eliot's Life*.

oferecer à mente livre e inquisidora e confrontando suas aspirações femininas com o mundo real dos homens. O resultado foi triunfal para ela, qualquer que tenha sido para suas criações; e, conforme recordamos tudo o que George Eliot ousou e conseguiu, a maneira como, diante de cada obstáculo que surgia – o sexo, a saúde, as convenções – ela buscou mais conhecimento e mais liberdade até que o corpo, vergado com o seu fardo duplo, cedeu, esgotado; então, precisamos pôr em sua sepultura todos os louros e rosas que tivermos nas mãos.

Bibliografia de Virginia Woolf
(Edições originais, em inglês)

—

Ficção

The Voyage Out. Londres: Duckworth, 1915.

The Mark on the Wall. Londres: The Hogarth Press, 1917 (posteriormente incluído em *The Complete Shorter Fiction*).

Night and Day. Londres: Duckworth, 1919.

Kew Gardens. Londres: The Hogarth Press, 1919 (posteriormente incluído em *The Complete Shorter Fiction*).

Monday or Tuesday. Londres: The Hogarth Press, 1921 (posteriormente incluído em *The Complete Shorter Fiction*).

Jacob's Room. Londres: The Hogarth Press, 1922.

Mrs. Dalloway. Londres: The Hogarth Press, 1925.

To the Lighthouse. Londres: The Hogarth Press, 1927.

Orlando. A Biography. Londres: The Hogarth Press, 1928.

The Waves. Londres: The Hogarth Press, 1931.

Flush: A Biography. Londres: The Hogarth Press, 1933.

The Years. Londres: The Hogarth Press, 1937.

Roger Fry. A Biography. Londres: The Hogarth Press, 1940.

A Haunted House and Other Short Stories, in Leonard Woolf (org.). Londres: The Hogarth Press, 1943.

Mrs. Dalloway Party: A Short Story Sequence, in Stella McNichol (org.). Londres: The Hogarth Press, 1973 (posteriormente incluído em *The Complete Shorter Fiction*).

The Complete Shorter Fiction of Virginia Woolf, in Susan Dick (org.). Londres: The Hogarth Press, 1985.

Teatro

Freshwater, in Lucio Ruotolo (org.). Nova York: Harcourt, Brace & Co, 1976.

Ensaio

Mr. Bennet and Mrs. Brown. Londres: The Hogarth Press, 1924.

The Common Reader. Londres: The Hogarth Press, 1925.

A Room of One's Own. Londres: The Hogarth Press, 1929.

The Common Reader: Second Series. Londres: The Hogarth Press, 1932.

Three Guineas. Londres: The Hogarth Press, 1938.

The Death of the Moth and Other Essays, in Leonard Woolf (org.). Londres: The Hogarth Press, 1942.

The Moment and Other Essays, in Leonard Woolf (org.). Londres: The Hogarth Press, 1947.

The Captain's Death Bed and Other Essays, in Leonard Woolf (org.). Londres: The Hogarth Press, 1950.

Granite and Rainbow, in Leonard Woolf (org.). Londres: The Hogarth Press, 1958.

Contemporary Writes, in Jean Guiguet (org.). Londres: The Hogarth Press, 1965.

Collected Essays, vols. I–IV, in Leonard Woolf (org.). Londres: The Hogarth Press, 1966–1967.

Books and Portraits, in Mary Lyon (org.). Nova York: Harvest/Harcourt, Brace & Co, 1977.

Women and Writing, in Michèle Barret (org.). Londres: Woman's Press, 1979.

The London Scene: Five Essays. Londres: The Hogarth Press, 1982.

A Woman's Essays, in Rachel Bowlby (org). Londres: The Hogarth Press, 1992.

The Crowded Dance of Modern Life, in Rachel Bowlby (org). Londres: Penguin, 1993.

Travels with Virginia Woolf, in Jan Morris (org). Londres: The Hogarth Press, 1993.

The Essays of Virginia Woolf, vols. I–IV, in Andrew McNeille (org.). Londres: The Hogarth Press; Nova York: Harcourt, Brace & Co, 1986–1992.

Diários

A Writer's Diary, in Leonard Woolf (org.). Londres: The Hogarth Press, 1953.

Moments of Being, in Jeanne Schulkind (org.). Londres: The Hogarth Press, 1978.

The Diary of Virginia Woolf, vols. I–IV, in Anne Olivier Bell (org.). Londres: The Hogarth Press, 1977–1984.

A Passionate Apprentice, in Mitchell Leaska (org.). Londres: The Hogarth Press, 1990.

Virginia Woolf nasceu no dia 25 de janeiro de 1882 em Londres. Seu pai, Leslie Stephen, foi um famoso escritor e crítico literário e, na infância, Virginia conviveu com alguns dos intelectuais, pintores e escritores mais renomados do Reino Unido. Sem nunca ter frequentado uma escola, foi educada em casa, pelos pais. Em maio de 1895, após a morte da mãe, Virginia teve a primeira manifestação do transtorno mental do qual sofreria pelo resto da vida.

Quando seu pai faleceu, em 1904, Virginia, sua irmã Vanessa e seus irmãos Adrian e Thoby se mudaram para o bairro londrino de Bloomsbury. A casa dos Stephen passou a ser frequentada por diversos jovens artistas que formariam o lendário Grupo de Bloomsbury, entre eles o romancista E.M. Forster, o poeta T.S. Eliot e o economista John Maynard Keynes. Em 1912, Virginia se casou com outro membro do grupo, o jornalista e editor Leonard Woolf.

Virginia começou a escrever críticas literárias e ensaios para jornais em 1904, a princípio de forma anônima. Em 1913, ela publicou seu primeiro romance, *The Voyage Out*. Em 1917, ela e Leonard Woolf fundaram a editora Hogarth Press, que seria responsável pela publicação de escritores modernistas como T.S. Eliot e Gertrude Stein. Nos anos 1920, Virginia lançou pela Hogarth uma sequência de romances que consolidaram sua reputação de autora, entre eles *Mrs. Dalloway* (1925), *To the Lighthouse* (1927), *Orlando: A Biography* (1928) e *The Waves* (1931). Os primeiros leitores de todos os manuscritos de Virginia foram sempre seu marido Leonard e sua irmã, a artista plástica Vanessa Bell, também responsável pelas capas das primeiras edições de suas obras.

Virginia Woolf fez parte do movimento sufragista e defendeu a educação formal das mulheres, da qual ela própria não se beneficiou. Seu ensaio feminista *Um quarto só seu*, publicado em 1929, foi baseado em palestras que ela apresentou para alunas das faculdades Newnham e Girton, que estavam entre as poucas da Inglaterra que aceitavam alunas mulheres nos anos 1920. Na década de 1930, ela e Leonard Woolf fizeram parte de diversos comitês antifascistas e, em 1938, Virginia publicou um manifesto antifascista e pacifista intitulado *Three Guineas*. Em 1941, em meio aos bombardeios da Segunda Guerra Mundial, Virginia Woolf se suicidou atirando-se no rio Ouse.

Julia Romeu é tradutora literária há mais de quinze anos, tendo traduzido obras de autoras como Jane Austen, Charlotte Brontë e Louisa May Alcott. É doutoranda em literaturas de língua inglesa pela UERJ. Escreveu, em parceria com Heloisa Seixas, os musicais *Era no tempo do rei*, com músicas de Aldir Blanc e Carlos Lyra, e *Bilac vê estrelas*, com músicas de Nei Lopes. As duas também são autoras de *Carmen: A grande Pequena Notável*, biografia de Carmen Miranda com ilustrações de Graça Lima, vencedor do Prêmio FNLIJ 2015 de Melhor Livro Informativo.

© Bazar do Tempo, 2021

Todos os direitos reservados e protegidos pela
Lei nº 9610 de 12.2.1998. É proibida a reprodução total
ou parcial sem a expressa anuência da editora.

Este livro foi revisado segundo o Acordo Ortográfico
da Língua Portuguesa de 1990, em vigor no Brasil desde 2009.

EDIÇÃO Ana Cecilia Impellizieri Martins
COORDENAÇÃO EDITORIAL Catarina Lins
TRADUÇÃO E SELEÇÃO DE TEXTOS Julia Romeu
REVISÃO Livia Azevedo Lima
CAPA E PROJETO GRÁFICO Angelo Bottino & Fernanda Mello

Foto pp. 2–3: Virginia Woolf, c. 1928. Pictorial Press / Alamy

CIP-BRASIL. CATALOGAÇÃO NA PUBLICAÇÃO
SINDICATO NACIONAL DOS EDITORES DE LIVROS, RJ

W862q

    Woolf, Virginia, 1882-1941
      Um quarto só seu & três ensaios sobre as grandes escritoras inglesas :
Jane Austen, George Eliot, Charlotte e Emily Brontë / Virginia Woolf ; tradução
Julia Romeu ; apresentação [Socorro Acioli]. - 1. ed. - Rio de Janeiro : Bazar
do Tempo, 2021.
      240 p.

      Tradução de: A room of one's own
      Inclui bibliografia
      ISBN 978-65-86719-33-8

      1. Ensaios ingleses. 2. Austen, Jane, 1775-1817. 3. Eliot, George, 1819-1880.
4. Brontë, Charlotte, 1816-1855. 5. Brontë, Emily, 1818-1848. I. Romeu, Julia.
II. Acioli, Socorro. III. Título.

21-69086   CDD: 824
                                          CDU: 82-4(410)

Camila Donis Hartmann - Bibliotecária - CRB-7/6472

 BAZAR DO TEMPO
PRODUÇÕES E EMPREENDIMENTOS CULTURAIS LTDA.

Rua General Dionísio, 53, Humaitá
22271-050 – Rio de Janeiro – RJ
contato@bazardotempo.com.br
www.bazardotempo.com.br

Este livro foi editado pela Bazar do Tempo,
na cidade de São Sebastião do Rio de Janeiro,
no verão de 2021. Ele foi composto
com as tipografias Brick e Domaine,
e impresso em papel Pólen Soft 80g/m²,
na gráfica Margraf.

1ª reimpressão, abril de 2022